平等

周家瑜——著

導言

「政治與思想」出版計畫編輯委員會
吳豐維、陳宜中、曾國祥、葉浩

◆哲學與政治

每年十一月的第三個星期四，是「世界哲學日」。

聯合國教科文組織（UNESCO）訂立這個日子，賦予了哲學這歷史最悠久的人類知識探索活動嶄新且重大的國際使命：促進不同文化之間的理解，從而學習如何共存，攜手尋求國際社會當前所面臨的各種政治、經濟與環境的共同挑戰。

且看二〇一二年世界哲學日當天，教科文組織總幹事博科娃（Irina Bokova）的發言：

面對錯綜紛雜的當今世界，哲學思考首先需要我們謙卑下來，從自己立場退後一步，參與理性的對話，並針對我們所無法左右的挑戰，共同提出應對的措施……我們遇到的困難愈大，愈需要通過哲學來理解和平與可持續發展問題。

……哲學的多樣化是我們培養兼具包容與寬容的全球公民意識之最大財富。面對無知以及不寬容的泛起，哲學有助於相互理解。

我們會發現，哲學不但被賦予了一個推動世界和平與人類永續發展的重任，也肩負著促進全球公民意識的使命。

哲學之所以能承擔、回應人類共同問題的首要理由，在於作為一種反思活動，以自身想法容錯誤為前提，因此在智識上必須謙卑，再展開與異己的真誠對話。一方面分析、挑戰人類共同未來的重大問題之癥結所在，一方面排除自己的盲點，並確認彼此的看法與價值排序，從而確立可能的出路與選項。

政治（politics）一詞淵源於古希臘的「城邦」（polis）概念，對柏拉圖與亞里斯多德等人而言，對政治的探討就是對於正義國度的追尋。

現代主權國家的政治發展出比過去更複雜多元的面貌，研究者思考的政治現象涵蓋巨觀的統治原則到微觀的身體規訓，而致力於思索政治「應然面」的政治哲學因此有其急迫性。舉凡新科技帶來的各種倫理議題、全球暖化與貧富差距的加劇、國際間的互動原則以及經濟危機時的互助合作、共同和平的維護與人類尊嚴的捍衛，乃至戰爭期間與之後重建過程的正義，全都涉及了「自由」、「平等」、「正義」等核心概念。

結合了上述兩者的政治哲學，正是對政治的本質與其相關概念的系統探究，關乎自由、平等、民主、主權、權威、正義、意識形態……等等。儘管這世界的現象流變不息，我們還是可以透過掌握政治哲學的基本面貌，掌握一切最根本的思考基礎。

◆政治哲學的翅膀

對亞里斯多德這些古代哲人而言，政治哲學的必要無庸置疑，因為它與人類理性動物的本質以及幸福人生的追求密不可分。

我們如果無法掌握政治哲學的核心概念與論述，恐怕難以清楚把握二十世紀迄今的重大社會變遷，諸如：法西斯政權的崛起、極權體制裡的平庸之惡、冷戰的意識形態對峙、全球青年的造反與叛逆、種族與性別平等的追求、全球化與新自由主義的逆襲、宗教基本教義與極右派勢力的崛起、數位利維坦與監控社會的誕生……等等。在愈趨渾沌的時代裡，我們愈需要政治哲學的洞見。

政治哲學將促進我們表達自身立場和參與國際對話的能力，善盡我們身為國際社會或世界公民社會一分子的責任。更重要的是，政治哲學素養的普遍提升，能夠讓一國之內意見相左甚至對立的公民進行理性的對話、走出對立，且能在清楚各種選項以及價值排序的前提之下，尋求真正的共識或適當的妥協。

本叢書正是在如此背景與期待下誕生，分為兩系列，第一個系列以思想家為主題。意在為讀者開啟一扇門，深入一個思想家的人生與思想歷程，見證一個心靈的偉大，見證一個時代的發展。

第二個系列則以觀念為主題。柏林曾引述德國詩人海涅的話語，指出觀念的威力足以摧毀一個文明，因而用觀念史的眼光、以觀念為軸心，考掘與爬梳政治哲學中的核心概念，考察它在跨時代背景下的發展與影響，得以讓我們掌握哲學漫長的歷史演變、內涵，分析人類共同未來的重大問題之癥結所在。

◆人類真的可以活在一個沒有政治的世界嗎？如果不可能，那什麼才是更好的政治？

無論最終的解答是什麼，我們都需要為自己的想像力安上翅膀，而那雙翅膀就是思想的洞見。

當人們開始想像集體美好的可能，政治的哲思就開始了運作，政治哲學就不再是多餘的頭腦體操，而是一種必要。

一九七一年，在反體制的熱潮裡，約翰．藍儂吟唱出了他的〈想像〉（Imagine），要眾人認真地想像一個沒有宗教、國家、戰爭與私人財產的未來。

雖說我們可能也如藍儂唱的那樣，始終是個「夢想家」（Dreamer），但在清楚各種選項以及價值排序的前提之下，尋求真正的共識或適當的妥協，確是歷來夢想家，也是未來夢想家們鍥而不捨追求的最完美境地。

——獻給更美好的未來。

平等

目次

平等

平等

第一章

導論

——為何平等如此重要？

◆平等價值的魅力

相較於其他的政治價值，平等似乎有一種特別的魅力，追求平等的渴望似乎是人性中難以抗拒的自然本能。在法國大革命爆發前夕，西耶斯（Emmanuel-Joseph Sieyès, 1748-1836）在他膾炙人口的、為即將爆發的革命所撰寫的小冊子《論特權》（*Essai sur les privilèges*）中，強烈抨擊當時法國腐敗貴族與教士階級所享之特權造成的不平等。西耶斯認為任何形式的特權都是腐敗的，其不僅是因為一個國家當中若出現特權階級，他們必會為自己階級的利益打算，而逐漸形成排他集團，侵犯整個社會的福祉；更因這樣一種特權的享受本身，即侵犯了其他公民本應享有的平等地位。西耶斯鏗鏘有力地對當時法國社會中占七成以上的貧窮大眾呼喊：

> 所有公民在法律之前一律平等，所有的公民皆有所屬，但是並不

是誰從屬於誰，所謂的『誰從屬於誰』的說法，只是無用的奴役關係……財大勢大的人，並不比只領日薪的人更優越，如果要講富人們繳的稅比較多，那是因為他們要求被保護的財產也比較多，不然難道窮人繳的錢不是錢？窮人的權利連帶地也不值得受尊重嗎？至少也該受到相同的保護吧！

這一段論述包含了當代所重視的法律平等與制度平等；然而平等的魅力根源似乎存在於更加深層的人性當中。

十七世紀的英國政治哲學家湯瑪斯・霍布斯（Thomas Hobbes, 1588-1679），對於這種人類似乎天生具有的對平等之渴望有著令人難忘的描述，他認為：儘管每個人看起來在智力或體力上差別頗大，但每一個人從經驗中學習的能力卻非常相近。換句話說，如果提供兩個小孩相同的學習時間，不論其天生智力差距，總是能從人生經驗中累積相似的經驗。除此之外，人們總自然地認為，其他人不會真的比自己強壯或聰明，除少數社會公認的名望之人外，大部分人都認為自己不會比別人差，因為這種天生的自負心理，每一個人都傾向認為自己是最有智慧者，一旦自己的意見或論點被他人否決，便會引起內心強烈的憤怒，甚至導致暴力衝突。霍布斯認為，正是這種「實然的平等」導致了人與人之間相互戰爭的狀態，也因此，人們需要一個政治權力將這種平等精神造成的危害降到最低。

值得注意的是，霍布斯提及的這種「實然的平等」，僅是某種事實層次上的平等與相同——亦即每個人無論是在自負的心理或是脆弱地遭受暴力死亡的可能性上，都是相同的；然而政治哲學中存在另一層次的平等討論，也就是「應然的平等」。如果人們在實際層面上各方面均是平等的，那麼是否可以推論：人們具有「平等的道德價值」，再進一步討論是否應該被平等地對待。然而事實上，過度的平等似乎也讓人心生疑慮，尤其是當追求平等的同時與他人珍視的價值有所衝突的時候。

喬治・歐威爾（George Orwell, 1903-1950）在其短篇戰爭紀事《向加泰隆尼亞致敬》（*Homage to Catalonia*）中，有一段關於平等價值之衝突性的有趣描寫，這篇文章的背景是一九三六年爆發的西班牙內戰，內戰的兩方分別是西班牙左翼共產黨人與保守派的佛朗哥將軍（Francisco Franco, 1892-1975）。當時正當盛年的歐威爾，懷抱著對共產黨平等理想的無限憧憬，參加了共產黨人帶領的共和軍，六個月後因喉嚨中槍不得不回到英國休養，這短暫的經歷帶給歐威爾深刻的體悟，他將這段經歷寫成了《向加泰隆尼亞致敬》，書中有一段描寫了巴塞隆納與英國的強烈對比：

> 對一個直接從英國來的人而言，巴塞隆納看起來既令人震撼又充滿魅力，這是我第一次來到一座由工人階級統治的城市，無論哪種規模的建築都掌控在工人們手中，每棟建築的屋頂上都搖曳著紅旗

或無政府主義者的紅黑雙色旗，每面牆都塗滿了鍾子與鐮刀的圖案，以及革命黨的首寫字母，每間教堂都被毀壞，標記也被焚毀，不管哪裡的教堂都被工人組成的幫派破壞殆盡，每間商店與咖啡館的門口都寫上了「已被共同所有」的字樣，甚至連擦皮鞋的人都被「共同所有」，他們的鞋箱被漆成紅色與黑色；侍者與招待員直視你的臉，將你視為完全平等地位的人。屈從以及甚至是儀式性的交談都暫時消失殆盡，沒有人稱呼別人「先生」（Senor）或「老爺」（Don）或「您」（Usted），每個人都稱呼彼此為「同志」或「你」……

這股平等浪潮甚是強烈，連歐威爾習慣性地要給侍者小費時也遭一旁的人告誡，歐威爾對此的評論是：「許多關於這個現象（追求平等）的事情我還不甚理解，就某些方面來說我甚至不太喜歡這個狀況，但是我立即認知到這是一個值得為之獻身的事業。」一方面他對這樣的狀態感到困惑，但另一方面，作為一個對社會主義理想懷抱憧憬的年輕人，歐威爾認為如此令人迷惑的平等狀態，是一個足以為之戰鬥犧牲的偉大信念，這正是平等價值內部衝突性的顯現！雖然我們還不知道這個衝突的本質，但隨著以下討論的展開，此衝突性及其導致的道德難題將逐漸清晰，在進一步衡量比較平等價值與其他政治價值之前，我們應該自問：為什麼「平等」必然比「不平等」來得更好？

◆「人生而平等」？柏拉圖的質疑

第一個可能的答案是：因為人生而平等，故於社會中就法律、制度、甚或是經濟層面，每一個人都理應被平等對待。《美國獨立宣言》（United States Declaration of Independence）的第一條就是：「我們將以下論點視為不證自明的道理：人生而平等，生命、自由與追求幸福是不可剝奪的權利。」[1]類似的「人生而平等」論點，也出現在當代《聯合國宣言》（Declaration by United Nations）中：「人生而自由，在尊嚴與權利上一律平等。」[2]值得注意的是，當我們回顧漫長的人類歷史，平等的價值並非不證自明，在西方歷史中，與「人生而平等」相較，「人，生而不平等」的論點似乎更加普遍被接受，對大部分人而言也更熟悉。畢竟放眼望去，大概除了雙胞胎以外，人與人之間無論是長相、體能、智商或性格各方面，天生便具有相當差異。既然如此，在什麼意義上我們能說「人生而平等」呢？

進一步來說，如果人與人天生有差別，那麼在社會及政治領域當中，每一個人似乎應該負責做不同的事，自然賦予的差異引出了在政治領域中「各盡所能，各司其職」的想法，換言之，如同其他諸多專業技術領域，政治領域似乎應該讓有才能、適合統治之人來掌握權力，此論點的代表，可追溯到兩千多年前的雅典哲學家柏拉圖（Plato, 428-348 BC），柏拉圖在其所著作的《理想國》（*Republic*）中，非常有說服力地說明了這種「天性不同的人不應當從事同樣職業」的論點。柏拉圖在《理想國》當中採用對話形式來表達他的論點，在對話錄場景中，柏拉圖經常藉由主要角色蘇格拉底（Socrates, 470-399BC）之口，表達他自己的政治觀點：「在我們的（理想）城邦中，沒有人做兩件事或許多事，每個人只做一件事……唯有在這裡你會看到鞋匠就只是鞋匠，不會在做鞋匠之餘還是舵手，農夫總是農夫，不會在做農夫之餘還要做法官，士兵總是士兵，不會在做士兵之餘還要做商人，以此類推。」（《柏拉圖全集》，〈國家篇〉第三卷，397e），換句話說，柏拉圖認為既然每一個人的天性不同，最好的一種社會安排方式自然就是讓每一個人從事她或他天性最適合的職業，如此一來這個社會將井然有序，且能互相提供最大的福祉。

◆柏拉圖看素人政治

正因如此，民主政治在柏拉圖看來是一種完全違反「各盡所能，各司其職」原則的政治形態。

讓我們思考一下民主政治的精神吧！

在民主政治當中，每一個合資格的公民都具有投票的權利，換句話說，無論其出身貧富貴賤、從事何種職業、具有何種才能，或是否關心政治，在民主政治之下人人都有資格對政治發聲並參與政治。雖然參與的形式隨不同種類的民主政治而有所不同，在代議民主的形式當中，多半藉由投票表達對政治人物的看法；但在柏拉圖時代的古雅典，雅典公民們可藉由頻繁的公民大會討論、短期輪替的行政職位以及法院審判的職務，全方位地參與公共生活，大部分公共領域中的位置都對所有公民平等地開放，無論直接或間接然而其根本精神則同，也就是一個健全的民主政治可以充分彰顯平等精神，臺灣這幾年盛行的「素人參政」，某種程度亦可看成是此種平等精神的實踐。

素人者，在此意指門外漢也。素人政治的盛行，意味著人民認為政治領域並非只有研究政治的專家才能參與；相反地，政治應當向所有具資格的公民開放，才符合民主政治平等精神。然而可以想見，前文主張專業政治的柏拉圖，若是見到當代臺灣的素人政治必然無法接受，而生於民主政治制度與其核心價值之上的我們，應當如何回應柏拉圖的質疑？

◆社會平等的重要：不平等導致分裂

如果要回應柏拉圖對「追求平等」的質疑，第一種可能的回答是：比起不平等的社會，一個比較平等的社會狀態能夠產生比較大的社會福祉。

最常見的例子，是貧富差距導致的不平等所帶來的社會對立。且讓我們想想近年來臺灣社會中掀起的對於「富二代」以及其「炫富」行為的批評。當一個社會明顯地區分成貧富兩個極端不均的階級時，這樣的社會通常被認為缺少「社會正義」，人們會認為遭受不公正的對待；換言之，一個不平等的社會通常會被認為是不正義的社會（注意：平等與正義雖然經常高度重疊，但是兩個詞並不必然為同義詞）。處身於此種所謂M型化的社會當中，不公不義的感覺會使人們不滿的情緒升高，導致社會秩序動盪。在這樣一個極度分裂的社會中，成員們對彼此不再具有團結感與認同感，極端不平等的狀態會讓身處其中的兩個階級成員相互仇視，彼此憎恨。

兩千年前的雅典哲學家亞里斯多德（Aristotle, 384–322 BC）曾指出，由多數的窮人與少數的富人所構成的社會，即是這樣一種不正義的狀態。在這種社會裡：

一種人不知道統治是什麼，只能忍受另一種人的奴役，而另一種人則完全不肯接受統治，只知道專橫統治他人，城邦就不再是自由人的城邦，而成了只有主人與奴隸的城邦，一方心懷輕蔑，另一方則滿懷嫉恨，對一個城邦來說至關重要的友誼與交往已經見不到了，人們反目成仇，甚至不願行走在同一條道路上。（《政治學》〔*Politics*〕，1295b20-27）

亞里斯多德因此認為，一個優良的政治共同體最好是由中產階級來掌握政治權力，這一批人相互之間具有平等的社會地位與資產，可以避免社會走向極端。一個分裂的社會不可能共同合作形成和諧的共同體，更不要說達成幸福的生活了。

◆政治平等的重要：政治權力分配不均

除了造成社會的分裂，不平等亦可能帶來另一個壞處，也就是政治的不平等。社會上的經濟地位不平等，有可能會影響人們在政治上的影響力，有一句俗語說：「金錢不是萬能，但沒有金錢萬萬不能。」金錢本身雖然不會說話，但人們經常透過金錢表達意見，行使政治影響力。

舉例而言，在臺灣，如果你是政治素人，要參加任何一個民意代表選舉前，首先要考慮的就是口袋夠不夠深？因為參選首先要繳交一筆保證金。然而保證金的規定，本來或許就可以看成是一個對「無法負擔這筆金錢之人」的限制，有心參與政治的年輕人或窮人，即便具有滿腔熱血欲奉獻社會，也不得不先面對現實的考量。在臺灣參選立委的入場門票是二十萬保證金，若是選舉結果沒有達到一定票數，保證金便會被沒收。簡言之，政治素人的政治之路還沒開始，就至少得花費二十萬元來換取競選機會，更不用提在民主政治之下，競選活動的花費有多驚人。

因此，儘管民主政治的基本精神是平等參政，但在實踐上並非每一個具有參政資格的公民，都真的能不受限制地參與公共事務。

美國就曾因為經濟實力對於政治領域的潛在影響力，在是否應限制政黨競選活動獻金的議題上吵鬧不休。由於候選人在競選活動中常要耗費大量金錢，因此候選人會向支持者募集款項，以應付競選活動中的種種開銷，政黨支持者也會透過政黨獻金來表達他們的政治意見。這個爭論的重點在於，法律是否應該為每人所能捐獻的金額訂定一個上限？試想一個如二〇一六年參加美國共和黨總統大選初選的候選人唐納．川普（Donald John Trump, 1946-）一般富可敵國之人，想要表達對於共和黨的政治支持，他可以透過鉅額的金錢來影響共和黨。相較於社會中的其他美國公民，儘管形式上似乎每個人都擁有與川普一樣「平等的」參政權，實質上川普能夠行使的政治影響力，卻顯然不成比例地高於其他公民。

◆道德平等與人性尊嚴：平等本身的「內在價值」

當代有學者認為，無論平等帶來好處還是壞處，都是值得追求的善（good），因為平等本身具有不可抹滅的「內在價值」。換句話說，人們之所以在乎平等、想要追求平等，並不總是因為平等可以帶來好處；人們在乎平等，是因為對平等的渴望符合人性。

這裡牽涉到「內在價值」與「工具價值」的區分，兩者是相對的概念，後者意味著用結果來評斷或決定什麼是重要價值。例如前文提到的平等價值，如果貧富差距變小能夠使民眾對這個社群更有認同感、更團結一致，那麼我們會說：「因為」這種平等具有工具價值，「所以」我們應該追求它。工具價值容易從結果的好壞看得出來，所以日常生活當中我們經常用工具價值來做決定；而「內在價值」就比較不容易確定。

內在價值是那種「即使不會為我們帶來好處，我們仍然應該追求的東西」，什麼樣的事物符合這個描述呢？

舉例而言，當我們觀賞一場棒球比賽，若你支持的球隊贏球或甚至拿下了總冠軍，這個勝利的比賽價值屬於哪一種價值呢？它可能具有工具價值，球隊贏球對於球員而言是一種榮耀，榮耀可以帶來獎金或更高的聲望等具體的好處；對球迷而言，球隊贏球顯示了一定的專業水準，因此球隊戰績越輝煌，越能贏得球迷的認同。然而，贏得比賽本身並不僅只因其具有工具價值而吸引人，我支持一個球隊，通常不只希望球隊贏球，還希望這是一場公正的比賽。換言之，運動的專業性還包含了用正當公平的方式贏得比賽，以及不在比賽當中作弊的倫理。所以儘管贏球會讓支持的球迷感到滿足，然而若球迷發現贏球的結果來自於對方放水打假球，雖然結果都是贏球，球迷的感受卻有非常大的差別。贏球的結果固然重要，但如何贏球、贏球方式本身所具有的內在價值，卻不能以結果是否帶來好處來衡量。

再舉一個公正與平等「本身」便具有價值的例子。地方里民大會的召開或陪審團的遴選過程，即便審判或開會討論的結果相同，但若今天沒有召開里民大會，里長就自己做出自認為最好的決定；又或是如果陪審團在審判一件性侵案時，刻意排除了所有男性嫌疑人，那麼無論審判結果是否公正，社會觀感都會不一樣。總而言之，某些事物本身的價值所在，無法以它帶來的結果作為衡量標準，這便是一種內在價值的表現。因此，如果平等具有內在價值，不論一個平等的社會是不是更幸福的社會，我們都應該追求它。

除此之外，有人認為平等的內在價值存在於每一個人都具有的人性尊嚴，人之所以有別於萬物的原因便在於此（即便相較於智商也許最接近人類的黑猩猩，人類仍享有獨特地位）。因為人人都具有這個應當被尊重的人性尊嚴，每一個人在道德上的地位便是平等的，平等因此不應用導致什麼結果來辯護。對某些人來說，平等本身就具有內在價值，值得追求，這本小書當中關於道德平等的章節中，將會進一步介紹這一點。

◆平等與自由的潛在衝突？價值衝突的悲劇

在政治領域當中，價值是多元的，除了平等，自由通常也被認為是重要的政治價值。無論在公共領域或私人領域，追求平等與自由總是首要目標。十八世紀震撼了全世界的法國大革命，其核心目標便是追求「自由、平等與博愛」；前面提過的《美國獨立宣言》與《聯合國宣言》，都將自由與平等視為應當一體追求的目標。從這些震撼人心的政治口號中，可以看到一件事：（如《美國獨立宣言》明白指出）平等與自由不僅是不需要證明的真理，這兩個價值經常一起出現在文句裡，一般總以為平等與自由相輔相成，互相之間沒有衝突，但是在實踐上，平等與自由經常相互衝突，若是在政治上面臨價值的衝突，我們應當如何抉擇？

在本章最開頭提到的歐威爾戰爭紀實小故事當中，歐威爾最後描述了西班牙共產黨人所實踐的平等精神之破滅。一開始連人們相互之間的敬稱都因平等精神而被拒斥不用的地區，最後卻演變為政治鬥爭，政治上的壓迫與專制出現了，政治上的獵巫氣氛導致人們相互懷疑。歐威爾最後是因中彈受傷而離開了西班牙戰場，然而這個親身體驗的平等精神崩壞，顯然讓他留下了極深刻的印象。對他而言，平等雖然是可欲的，但在政治實踐中總是產生可怕的極權高壓政治。換句話說，儘管平等與自由都是人們同等重視的價值，就實踐經驗而言，過度地追求平等似乎總會導致侵犯自由的後果。關於這一點，歐威爾在其描寫階級衝突的經典著作《動物農莊》（*Animal Farm*）裡有著深刻的描寫。在打倒了人類主人統治的農莊裡，動物們為了追求「所有動物一律平等」的終極平等價值而努力，故事的結局卻是少數動物不可避免地形成特權階級，最初理想的平等精神被扭曲成「所有動物一律平等，但有些動物比其他動物更為平等」的政治謊言。歐威爾的作品精確地表現了追求平等之路的種種困難，而這本小書，正是要為環繞著「平等」概念的這些爭論與疑問，做一個初步的介紹。

問題思考

1. 民主制度下票票等值，為何有錢人的政治影響力還是比較大？是經濟實力影響政治權力？還是政治權力左右經濟實力？
2. 西方柏拉圖和東方的儒家思想，皆不約而同地提到各司其職和安分守己的觀念，這與臺灣近年來素人參政的風潮似乎有些衝突，你／妳認為政治是件專業的事嗎？素人適合從政嗎？

第二章

道德平等

——人性尊嚴不得侵犯

◆故事的開端

一九五〇年代，牛津市中心建了一道克特羅威牆（The Cutteslowe Walls）❶引起許多人不滿。這道牆最初的用途，是隔離市政府公共住宅的貧窮居民與相鄰私人住宅的富有居民。在市政府看來，這項措施可以預防兩個地區之間可預見的許多衝突與紛爭；對富有的居民來說，這道牆可以預防他們的地產價值下跌。可想而知，這道牆引起了貧窮居民的強烈不滿，從一九五四年建造這道牆開始，不斷地有地方人士試圖以抗爭手段爭取拆除克特羅威牆（然而直到半個世紀之後這道牆才正式拆除）。撇開歷史與地理因素不談，為什麼區區一道牆會引起這麼大的反彈？

在第一章中我們曾試著回答，為什麼平等對當代政治社會如此重要？當代社會最關切的不正義，通常即是某種形式的不平等。正因為我們認為每一個人在道德地位上應該是平等的，所以政府或社會應當對這些道德主體給予平等的待遇。然而在爭取平等待遇、平等法律措施的同時，我們或許也會忍不住自問：為什麼每一個外在差異如此大的個體「應當」具有平等的地位？

正如同雅典人所主張，人與人之間有所差異（無論是體力、長相、性格稟賦），因此最公平的方式便是平等者平等對待，不平等者不平等待之。第一章中我們提過的希臘哲學家柏拉圖，在其《理想國》當中所提出的「金屬神話」（Myth of Medals）便是一個很好的例子。柏拉圖認為在一個城邦之中，如果統治者不能把自己與被統治者看成一家人，或是統治階級貪圖自身利益，不考慮公共利益，那麼這樣的統治者即便本身智慧再高也無法做好統治這門事業。[2]為了讓統治者一心一意地為公共利益打算，柏拉圖認為對於培養統治者而言，一個「高貴的謊言」是必須的：

在我們的故事當中，儘管所有人在這個城邦裡都是兄弟，但神在塑造那些適合擔當統治重任的人時，在他們身上摻了一些黃金，正因如此，他們是最珍貴的，而在那些輔助他們的人身上，神明摻了一些白銀，在農夫與其他手藝人身上則摻了鐵與銅，雖然它們都有親緣關係，一般說來有什麼樣的父親就會生下什麼樣的兒子，但有的時候也會有這樣的狀況：那就是金的父親生下銀的兒子，銀的父親生下金的兒子……因此神明給統治者下的命令首要一項就是：要精心保護與關心自己的後代，避免讓他們的靈魂混入低下的金屬。如果他們兒子的靈魂當中混入了廢銅爛鐵，那麼他們絕不能放任不管，而應當把這些孩子放置到與其本性相對應的位置上去，也就是安置在手藝人或農夫之中，同樣地，如果手藝人或農夫居然產生了一個金的或銀的孩子，那麼他們也要重視這個孩子，提升他的位置，讓他擔當統治者或輔佐者的職責。須知有個神諭曾說：「若使銅鐵之人當政，國家便要傾覆。」（《理想國》，〈國家篇〉第二卷，e415-c）

雖然雅典離我們已經有兩千年之遠，「不平等者不平等待之」還是一個隱含在許多當代觀點背後的根本信念。例如當我們談論教育時，「讓孩子們發展她／他們獨特的天賦」可能是一個大部分人都能接受並理解的目標。而這句話隱含的意思正是：每個個體之間必然有所差異，而最好的教育方式就是尊重這些差異，並發展個別能力。但是不同於雅典的平等觀，當代社會的人認為，無論在自然天賦與外觀上有多大差異，每一個人內在的道德地位均是平等的。這個道德層次的平等，不會因為人們出身於不同階級、擁有不同的容貌或生理特徵而有所不同，這個弭平所有差異的平等身分，其中一位重要倡導者是十八世紀的德國哲學家伊曼紐・康德（Immanuel Kant, 1724-1804）。

◆康德：哲學史上的哥白尼

如果將哲學史上的偉大人物加以排名，伊曼紐・康德必然名列前茅。他在五十七歲高齡出版的《純粹理性批判》（*Kritik der reinen Vernunft*）不僅震撼了世界，也讓康德的名聲從柯尼斯堡的無名教授，一躍成為哲學史轉捩點上的重要人物。一七二四年，康德出生於普魯士東部的一個小城市柯尼斯堡，這個只有五萬人的海港城市裡，充斥繁忙的商業活動以及不同種族的外來訪客。康德在這個地方成長，據說在其長壽的一生當中（康德活了八十歲）從未離開過這裡。這座位置略顯偏僻的小城，在十八世紀中期以前曾被描述成一個「更適合訓練熊而難以成為科學中心」[3]的地方。

康德在柯尼斯堡大學接受高等教育，三十一歲時終於在柯尼斯堡大學取得教職。據說他上課風趣幽默，總是吸引大批學生一早就來占位以聆聽；不過這也有可能是因為當時講師的薪水全看上課學生人數多寡而定，無論如何，康德作為一個教師的風采是受到肯定的。相對於課堂上的精采表現，據說康德私下是一個高度自律與節制的紳士。關於他最著名的軼事之一，或許就是那廣為人知的每天下午三點半鐘出門散步的習慣了。據說康德每日準時三點半帶著手杖與僕人一同散步，附近居民都習慣以康德先生散步的時間來對時，有一日遲遲不見他出門，鄰居們還以為是自己的時鐘壞了，原來那一天康德在家耽讀盧梭（Jean-Jacques Rousseau, 1712-1778）[4]所著的《愛彌兒》（*Émile: ou De l'éducation*），竟忘記了平日的散步習慣。正是這樣一位風格嚴肅、一絲不苟的哲學家，為我們提供了最根本的平等基礎——人性尊嚴。

◆道德平等與人性尊嚴：人是「目的」而非「僅僅是手段」

康德認為，每一個人都具有某種內在尊嚴。「尊嚴」一詞聽起來抽象又模糊，康德認為「尊嚴」的概念與「市場價格」的概念相對立，一個能夠被貼上價格的東西不可能具有尊嚴；相對地，一個擁有尊嚴的主體是不能被標價的。一個物品能夠被標價，便意味著它能夠被另一個「等值物」取代，而擁有理性能力的人類超乎一切價格之上，沒有任何等值物可以交換或代替，這種獨特的尊貴地位便是所謂的「人性尊嚴」（Human Dignity）。

一個具有尊嚴的生物——如人類——不能夠被貼上價格標籤來交易。康德描述人類具有這種尊嚴的方式是：所有的人，就其生而為人而言，「本身就是目的」。與「目的」相對的概念是「手段」或「工具」，康德認為人類的特殊尊嚴，讓具有理性能力的人不應當變成「僅僅是」他的同胞們所利用的工具。康德甚至把這個要求變成了一項不可違抗的道德絕對命令：你應當如此行動，也就是要把每個人的人格看成是目的，絕不能只當成工具來使用！康德舉了幾個例子來說明當人被當成「僅僅是工具」時的情狀：一個因為生活失去最後一絲希望、遭受痛苦、失去求生勇氣之人，如若為了解除這種絕望與痛苦而選擇自我結束生命，此時對康德而言這個人就是把自己當成「僅僅是」一個追求快樂（解脫痛苦）的工具，也因此侵害了作為理性主體的尊嚴。

在當代社會當中，「道德平等」似乎已經是一個不證自明的前提。《美國獨立宣言》當中清楚地宣示了這種道德平等地位，然而值得注意的事實是，獨立宣言一方面宣稱「人生而平等」，另一方面又默許當時社會制度上的奴隸制，奴隸顯然並不屬於當時美國制憲之父心中「生而平等」的人（事實上美國制憲之初，非裔美國人確實不等於「一個人」，而被計算為「五分之三個人」）。換句話說，承認每一個人在道德地位上與其他人相同，並不一定表示政府或社會所提供的待遇必須一模一樣。這裡重點在於：古典時期認為每一個人在能力性格等等「經驗事實」上的差異，已經被某種「非經驗式」的平等觀所超越。也就是說，儘管眼睛所見的每一個人或多或少都有不同，這是一個可觀察可驗證的經驗事實，但我們仍然認為在某種道德層次上，每一個人應該都是相同的。支持此主張的理由之一即在於：每一個人就其作為人這一點上，應該受到同等的尊重，因為每一個人之作為人，都具有人性尊嚴，這種尊嚴使得「人」與「物」不同，物可以依據其價值高低被毀損、廢棄與利用，但是「人」不應當被如此對待。

◆人性尊嚴的實踐

此一讓每個人具有平等內在道德地位的「人性尊嚴」概念，落實在社會實踐上，又會衍生出什麼樣的行為規則呢？當我們說：不可以把人當成客體（工具）時，也就表示：人不能被拿來買賣，因為買賣中所處理的東西總是具有「價格」的，但是理性主體的尊嚴超乎一切可以交易的「價值」。換句話說，人類不可以被當成交易的對象物，這也就是為什麼大部分的國家都禁止奴隸制度，或是把販賣人口當成犯罪。人性尊嚴也表現在尊重的態度上，例如資本家如果不尊重勞工的權利，就等於把他當成工具使用，而不是一個值得尊重的主體。主體不能夠被當成所有物，例如妻子不是丈夫的財產，故不能談「夫權」；又父母雖然在小孩未成年之前為監護人與法律代理人，但父母並不擁有小孩，社會上一些雙親帶小孩「自殺」的例子，儘管其情可憫，但某種程度上均是無視孩子作為主體的自由意志。

此外對於人性尊嚴的尊重，有時也會影響我們對新政策與科技發展的觀點，例如當代的生物科技已經大大提高了複製人類的可行性，然而若就人性尊嚴的角度來說，對人的形成加以操縱，無異把人當成工具、使之客體化，利用複製出來的人類來進行任何醫療用途，都是對人性尊嚴的侵犯與侮辱，人類不能被當成實驗動物，正如在對犯罪嫌疑人的審查處置程序法規上，任何不必要的強制驗血驗尿、不必要的測謊，都是將人類當成實驗動物看待，均應被限制與禁止。

◆何處是終點？論「對每一個人的平等關懷與尊重」

當代著名的法理學家德沃金（Ronald Dworkin, 1931-2013）進一步將人性尊嚴發展出兩個層面：第一個層面在於「一個人如何生活」這件事本身具有「內在且客觀的重要性」，亦即一個人選擇過什麼樣的生活才算是具有尊嚴，乃存在某種客觀標準。乍聽起來，這種意見一方面似乎陳義過高，另一方面又似乎違背了自由主義所主張的選擇自由（亦即選擇人生計畫與生活方式的自由）。換句話說此種選擇自由的價值在於：即便我所選擇的生活只有享樂，且其他人都覺得我的價值觀是錯誤的，主觀上我的生活對我自己而言仍然是有意義的。德沃金否定了這樣的想法，他追問：是否有任何客觀價值或理由，使得人們如何度過其短暫生命的方式具有重要性？有許多人會把這個理由寄託於宗教信仰，認為我們所信仰的某個更崇高的超自然存在，要求我們選擇「客觀上有意義的」生活方式。換句話說，「有意義的生活」並不必然等同——有時甚至可能牴觸——於我「主觀上追求且渴望」的生活。

德沃金以他自己對波士頓紅襪隊奪得冠軍的渴望為例，這對紅襪隊球迷而言是如此重要，所以嘲笑這樣的願望是不合理且不尊重人的，然而這並不代表這樣的主觀願望必然能夠構成一個客觀上有意義的生活。德沃金認為：「所謂成功的生活並非僅僅如此」[5]，他認為，讓每個人的生活在客觀上具有意義的重要基本元素，正是「尊嚴」這項價值。

德沃金相信，任何人「經過反省必定會承認人類尊嚴的第一個層次，也就是你必然接受，一旦人的生命旅程開始，就應當認真度過而非虛度人生」（ibid., 14）。也就是說，尊嚴這項價值要求我們以某種具有尊嚴的方式進行而非虛度生命，而一旦我們承認尊嚴是一項客觀價值，接下來便會自然地接受「其他人的人生也應當具有與我們相同的尊嚴」；反過來說，當我們否定其他人的尊嚴時，某種程度上也是對於自己的羞辱。正是這樣的客觀尊嚴價值，導向了對「每個人的平等關懷與尊重」。

然而，當前的民主政治是否能夠實踐、又能夠在多大程度上實踐與保護尊嚴這項價值呢？

問題思考

每個人都是自己的主人，理應能決定如何對待自己。然而在康德眼中，即便是自由意志下的自殺、提供性交易服務皆違反了人性尊嚴。人性尊嚴是否超越自己為自己做決定的價值判斷與選擇自由？你／妳如何看待這樣的價值衝突？

第三章

平等與民主

（民主政治）也許是最美好的一種制度，就像一件五顏六色的衣服，繡著各種各樣的花，所以這種制度中也點綴著各種類型的性格，如同樣式繁複的衣服上繽紛的色彩，使它看起來十分迷人。而事實上大部分人也許就是因為這個緣故而斷定它是最好的社會的形式，就如同女人和小孩只要一見到色彩鮮豔的東西就覺得美麗一般。

——柏拉圖❶

◆「民主」與「平等」

為什麼民主政治吸引人？民主政治最直覺的吸引力可能在於，它體現了一種看似人人平等的政治制度。民主政治所宣揚的概念是由全民自我統治——或至少是大多數人統治——，也就是說無論出身如何，所有人均當有機會在民主政治的遊戲規則下分享政治權力，無論貧窮或富有，無論在人生之路上成功或失敗，民主大餅人人都有一份；然而民主同時也與另一種平等具有密切關係。在某種意義上，十九世紀最重要的政治社會思想家托克維爾（Alexis de Tocqueville, 1805-1859）[2]把「民主」與「平等」兩個概念畫上了等號，在他的經典之作《民主在美國》（*Democracy in America*）中，托克維爾深入考察並分析了當時美國社會的民主風氣，以及在此種風氣背後，人們對於平等狀態的激情。托克維爾明確地告訴讀者：平等是勢所必然，因此：

> 領導社會者肩負的首要任務就是：引導民主，盡可能地喚起對民主的信仰，淨化民主的風尚，規範民主的行動，逐步用治世的科學取代無經驗的民情，用對真正利益的認識取代盲目的本能，使民主的政策與時、地相互配合……一個全新的社會需要一門全新的政治科學。[3]

有趣且值得注意的是，出身法國貴族——且家中不少人在號稱追求平等的法國大革命期間上了斷頭臺——的托克維爾認為：民主政治並不是為了實踐政治平等而必然出現，相反地，民主「本身」就是某種形式的社會平等，而唯有當這種平等風氣形成一股不可逆的潮流後，民主的政治制度方應運而生。換言之，托克維爾所談的「民主概念」是某種社會身分的平等，而非政治意義上的身分平等。他在一八三五年致友人的書信中如此定義民主：「所謂民主政治，我並不指涉共和國，而是指一種社會狀態，在其中人人或多或少參與公共事務。」這也可稱為「人民主權原則」，亦即「人民對美國政界的統治，好比上帝對宇宙的統治，凡事皆出自人民，並用於人民，人民是一切事物的原因與結果」（《民主在美國》，頁四〇）。

作為一個政治社會學家，托克維爾的觀察結果是：隨著平等的社會風氣蔓延，民主不僅僅是一種政治現象，民主本身代表著特定的社會風氣與狀態。具體而言，此種平等風氣呈現在十九世紀美國民眾所表現出來的同質性。托克維爾觀察到：「在其社會情況方面，美國呈現出一種獨特狀況，在這裡，人們比在世界上任何地方、任何其他時代，在財產與學識各方面都顯得幾乎平等，也就是說，在力量上更為平等」（《民主在美國》，頁三七）；「那種使求知的愛好隨著世襲的財富與悠閒代代相傳，從而以腦力勞動為榮的階級在美國並不存在」（《民主在美國》，頁三七）。托克維爾甚至認為以美國現況而言，「世襲等級和世襲特權的痕跡已經消失」，這並不是說美國沒有貧富不均的現象，只是財產以不可思議的速度流轉，「現實經驗中幾乎沒有上下兩代都是富人的家庭」（《民主在美國》，頁三六）。

◆繼承法與平等風氣

托克維爾認為十九世紀的美國社會之所以能夠擺脫歐洲大陸傳統的

階層社會，其中很大部分原因要歸功於繼承法規：「沒錯，它只是民法法規，但也是重要的政治舉措，因為它能夠對國家社會情況產生重大的影響，政治方面的法律無非是社會情況的外化形式……繼承法甚至也會對尚未出生的世代產生影響，憑藉著繼承法，人可以擁有一種近乎神賜的左右人類未來的權力。立法者一旦制定出公民的繼承法，他就可以徹底輕鬆放假了，因為實施這項法律之後他將無事可做，這項法律會像一部機器一樣，自行運轉，按部就班地朝著預定方向前進。」（《民主在美國》，頁三四）

具體而言，繼承法的效果在於「這種法律依照一定的方式制定出來後，隨即把地產與權力積累與集中，置於某一個人名下，可以說貴族就這麼從地上冒出來了，若按另一種原則制定，按另一種方式發展時，它所產生的作用速度更快，但此時就表現為分裂，分化與分割財產與權力」（《民主在美國》，頁三四）。此處托克維爾觀察到的制度對於平等風氣的影響力，某種程度反駁了一種常見的論點：亦即認為不平等是人性的自然傾向，因此制度無論如何矯正，也很難與人類天性抗衡。此論點經常可在主張菁英統治或是支持自由市場的學說中見到，然而托克維爾特地指出，繼承法對於平等風氣的效果具有決定性，而作為少數的富人階級（the wealthy classes），在這種不可逆的平等風氣之下又該如何因應呢？

托克維爾認為少數的富有階級仍舊有著殘餘的貴族習氣，但是在身分平等的民主狀態下，有錢人被迫自我壓抑他們對民主政治的厭惡感：「如今，比較富有的階級對政治事務已經沒有影響力，財富不但不能給他們特權，甚至還變成他們獲得權力的阻礙，有錢人寧可放棄鬥爭，因為不願意與公民之中較貧窮的階級進行不平等的戰鬥，由於他們在公共生活中無法獲得像在私人生活中一樣的特殊地位，他們便放棄前者而專注於後者之上。」（《民主在美國》，頁一二九）由於在民主社會當中受到壓抑，「富人們把這樣的事態看成是一個無藥可救的疾病，但他們很小心不表現出這樣的狀態對他們造成傷害，相反地你會聽到他們稱讚民主共和政府以及民主政治的優點，除了憎恨敵人，有什麼比諂媚你的敵人更加自然的呢？……但是在這種虛情假意下，富人們對民主制度其實衷心討厭，人民構成了一種令他們恐懼又輕蔑的權力。」（《民主在美國》，頁一二九）

◆追求平等的激情

托克維爾觀察到的另一個值得注意的現象，是人性中對於平等的愛好。民主經常被認為是一種能夠同時實踐自由與平等兩種價值的制度，在理想的民主制度中，自由與平等兩個價值似乎完美地匯合在一起，當所有公民以平等身分參與政治管理工作，理論上每一個人的權利和自由都能被確保。但是托克維爾注意到，實際上在民主政治中，追求平等的激情經常更勝過保障自由的謹慎。其理由在於，享有自由的壞處——如過度放縱的社會風氣——是立即可見的，但是失去自由的壞處則不容易被察覺，因而導致人們經常願意犧牲自由以換取立即的好處。關於這一點，托克維爾提出非常精闢的觀察：

> 民主國家的人民天生愛好自由，自己會去尋找自由，喜愛自由，失去自由會感到痛苦；但是他們追求平等的激情更加熱烈，簡直沒有止境，他們希望在自由之中享受平等，如果不能達成，那麼也願意在奴役之中享受平等，他們可以容忍貧困、野蠻、從屬於人的困境，但是不能忍受貴族制度。（《民主在美國》，頁六二四）

上述對於追求平等的激情之傳神描述，讓我們想起了喬治·歐威爾在《動物農莊》中的諷刺描寫。對於懶惰又奢侈的人類主人的不滿，讓曼諾農莊中的動物們團結起來趕走了人類，並且共同決定依據平等精神自己管理農莊，改名為動物農莊的七條新規定中，最重要的一條便是

「所有動物一律平等」。但在自我管理的過程中，動物中較具智慧的豬群開始腐化墮落，不僅對外跟人類勾結，對內也進行政治鬥爭奪取管理權力。其他動物在豬群的鐵腕統治下吃足了苦頭，受盡剝削辛勤勞動的拳擊手，甚至因為失去勞動價值而被送進屠宰場，然而為了平等的動物共和國的美好理想，動物們逆來順受。小說的結局是動物們忽然發現，最初訂立的基本戒律似乎略有改變，在原先的「所有動物一律平等」之後，不知何時悄悄地加上了一句：「但有些動物比其他動物更為平等。」就像托克維爾的評論，人們經常寧願忍受在奴役之中的平等，而不願接受不平等之中的自由。

◆平等的流弊

正因人民寧願以自由的喪失來換取平等，某些隨平等風氣而來的弊病因此成了民主社會中的常態。首先是多數暴政（the tyranny of the majority）的現象，具體而言乃指社會中的個別成員屈從於主流意見之下，喪失自主判斷能力的狀態。民主社會中，人們不再擔心政府的專制，開始逢迎多數人的價值判斷。儘管民主社會中每一個人都與其他人平等，但在做決定時總是需要一個參照點，而在民主社會中，「多數人的品味」是一個強勢的依據，人們因此經常會不自覺地迎合多數人的口味與偏好。「社會觀感」在民主制度下不僅獨占政治正當性的來源，也似乎經由民主政治制度取得了道德上的正當性。當社會上越多人逢迎多數的意見，這個主流意見力量就越獨裁，惡性循環之下，使得多數力量橫行無阻，具體後果便是導致「多數的隱形歧視」。托克維爾特別在注腳中提及兩個「不寬容的多數侵害少數」的例子，一是反戰記者因個人意見被捕入獄，夜晚時被暴民殺害，陪審團卻因當時社會氛圍壓力下判處暴民無罪；另一個則是，即便當時已屬自由社會，黑人仍沒有投票權。看似民主的當代臺灣社會，是否也有同樣問題呢？

某政務官曾在訪談時提到，目前統計數據顯示愛滋病的主要來源並非針筒，而是來自男同志族群。此言一出立刻引發社會激烈討論，有人認為這樣的發言只是就事論事，依照統計數字說話，沒有歧視問題；而也有人認為這樣的發言，將會加深、強化臺灣社會對男同志族群的負面刻板印象，進一步使得這個弱勢族群地位更加不利，因此是發言失當。這項議題尚有許多值得討論與反思的面向，然而值得注意的是，當政治人物的言論與臺灣社會大多數民眾對男同志族群的刻板印象相符、一致的時候，民眾事實上不需要確定的統計數字，也似乎不需要了解事實上愛滋病的源頭在於「不安全性行為」，而非來自某一特定性向或族群身分，民眾更不關心，在這種將愛滋病與男同志族群連結起來的理所當然態度背後，可能存在著被忽視的高度不平等。

舉例而言，二〇一六年美國疾管局的統計數字顯示，同樣是男性之間性行為導致的愛滋病傳染，在非裔美國人當中高達每兩位有一位，拉美裔則是四分之一，而在白人族群當中則約十分之一。換句話說，愛滋病族群與其成員背景的經濟弱勢及不平等相關，儘管就客觀醫學角度而言，人人都可能暴露在某種疾病病毒的攻擊之下，但是若著眼於社會與經濟背景的差異，則某些經濟弱勢族群比較缺少防範的方法與資源。❹忽視這種經濟地位的不平等，而把焦點集中於愛滋病與男同志族群的高度關聯，依據表面的數字把某種疾病與性向做直接的因果連結，在此意義下，或許反映了民主社會中不可避免的、多數對少數的隱形歧視。

托克維爾觀察到平等風氣導致的另一個弊病，是高度的個人主義（individualism）。托克維爾描述為「一種冷靜且經過深思熟慮的疏離感，使每一個個人與其同胞隔離，遁入自己私人親友的小圈子，聽任外面的大社會自行發展」（《民主在美國》，頁一一九）。托克維爾認為這種關注自身的傾向，久而久之必然破壞公民德行，導致利己主義的出現，也就是某種「激烈的過分地對自己之愛，使人們凡事只考慮自己，愛自己甚過一切」（《民主在美國》，頁一一九）。這種個人主義的直接後果將導致中央集權政府的出現——托克維爾稱之為民主專制（democratic despotism）——具體言之，民主社會中的人們傾向認為人人平等，所以下意識討厭特權階級，而弔詭之處便在於，這種思考也有利於中央集權的產生。既然每個人都不想把權力交給社會中任一團體，但又覺得個人很渺小無法維持社會運轉所需，在這種心理下，個人便傾向認為需要有強大的政府來為每個人做事，也就是說，與其依賴某一特定之人，不如把權力賦予一個強勢的萬能政府。

托克維爾在描述這個「奇妙的心理轉折」時指出：

在平等時代，人人都沒有援助他人的義務，也沒有要求他人支援的權利，每一個人既是獨立的又是軟弱的，所以使民主國家的公民具有十分矛盾的性格，他們的獨立性，使他們在與同胞來往時充滿信心，但他們的軟弱無力感誘使他們感到需要他人支援，但他們又不能指望他們的同胞公民，因為大家都是軟弱且冷漠的，這種困境使他們自然而然將視線轉向那個在感到無能為力時唯一能夠超然屹

> 立的偉大存在，他們的需要不斷地把他們引向了那個偉大存在，最後終於把它視為是個人的唯一且必要的靠山。（《民主在美國》，頁八四七）

我們可以看到每當社會發生重大危機以後——如二〇一五年震驚整個社會的八仙塵暴事件[5]或二〇一六年內湖隨機殺童案[6]——個人對政府的需要便會高漲，希望政府提供更多福利、做更多事情、制定更嚴格的法律，好讓每一個個人可以安心地在自己的小圈子中過著疏離群眾的生活。這樣的狀態便容易導致托克維爾所擔憂的民主專制傾向，也就是公民品質低落導致政府的濫權。

對於這些必然產生的平等流弊，托克維爾指出的解決方法便是公民參與。藉由組織次級團體來促進參與，公民之間經常地相互接觸，「能使原來不認識的公民長期地相互接近……不得不彼此認識與相互討好」（《民主在美國》，頁六三一－六三二）。值得注意的是，在臺灣社會也開始提倡這樣的公民參與，二〇一四年之後，在雙北地區大力推動的政策之一便是「參與式預算」。在這套制度當中，往昔對於政府預算制度毫無了解也無參與權力的民眾，開始有管道接觸並規畫地方上與自己切身相關的經費。這套制度背後的精神在於，鼓勵與教育民眾進行「審議」，具體而言是指在集體決策形成之前，每個人能夠依序發言並有能力聆聽他人發言，進而形成對話。這樣的審議（deliberation），與一方交換威脅與承諾的「議價」（barganing），以及另一種關於對錯、原則、事實與因果關係的「爭辯」（argument）（目的多半是要說服他人同意自己，而非聆聽他人與形成共識）有所區隔，其中一個附加功能，便是讓平時汲汲營營於私人生活的公民們，能夠在地方社區當中擁有公共生活。然而，參與式預算儘管推動了近兩年，參與人數卻顯然遇到成長瓶頸。

這樣的結果，某種程度顯示了托克維爾在十九世紀時所預見的危機，在當代臺灣社會也並未消除，那便是在某種程度上，公共參與意願的高低與社會經濟資源的分配有緊密的關聯。當代許多探討公共參與風氣的學者們都指出，經濟資源的分配不均，會使得經濟上的弱勢對於公共生活更加疏離與冷漠，導致政治權力受到高社會經濟地位階級團體的把持，形成惡性循環。因此，下一章便需要來探討資源的平等，也就是所謂「分配正義」的議題。

問題思考

1. 如果繼承法規對於社會平等風氣的影響如此深遠，美國目前巨大且持續增長的貧富差距與當代的繼承法規是不是也有關聯呢？
2. 平等風氣導致的多數隱形歧視，會不會反過來侵蝕了原本多數追求的平等價值？
3. 如果為了解決公民參與意願低落的問題，政府出錢補助參與者，以提高參與動機，這樣的政策是否能夠對公民參與風氣有所助益？以金錢為動機的公民參與是否能夠提升公民德行？

第四章

資源的平等

——資源應該重分配嗎？

美國網球公開賽是每年四大滿貫賽事中的最後一場，比賽冠軍獎金超過三百萬美元，也是所有網球選手夢寐以求的榮耀，每年進場觀賞球賽的球迷均達數十萬人之多。在美網的中央球場，你可以看到看臺上有一個個的小房間，從這些小房間的陽臺上可以擁有絕佳的觀賽視野。你可能會以為這些是用來出租給有錢人的高級包廂，不過事實真相遠比豪華包廂還驚人，這些小房間實際上是可供出售的套房，據說美國總統川普——在他還是房地產大亨的時候——就買下其中一間，以供自己觀賞溫布頓球賽。（想想看，走出後陽臺就能看見網球天王費德勒與納達爾激戰的特權！）有人曾經批評過企業利用這類豪華設施賺錢，嚴重打擊了職業運動的精神，也有評論表示：體育活動的精神一向是民主，讓所有愛好運動的民眾與富豪都能共享運動的樂趣，但是如果讓貧富差距藉由豪華包廂、門票特權等制度反映在這些賽事中，金錢的力量是不是會破壞我們生活中珍惜的某些價值？如果答案是肯定的，我們又應該如何面對與處理資源分配的問題？

◆社會分配（不）正義：屬於這一世代的議題

如果詢問這一個世代的臺灣年輕人最有感的（不）平等議題是什麼？貧富差距的逐漸拉大應該必然是其中一項。

有人含金湯匙出生，看似無須努力便輕易擁有一切；另一部分的人卻終身汲汲營營於生計，每日都須為自己或家人的下一餐飯著落何處而煩惱。更令人憂慮的是，這樣的差異會在每一代的傳承當中，透過「繼承制度」不斷複製。「貧窮陷阱」（poverty trap）的概念或許可以作為類比，這是指在經濟發展落後的國家裡，因為原先貧窮狀況的限制而困於貧窮的現象。因為缺乏足夠的資源，即便貧窮國家的人民知道應當投資於較優良的種子或肥料，或甚至是對子女教育的投資能夠產生長期的效果，但受限於當下資源的缺乏，只能不斷選擇較差的選項，將資源投注於短期內有明顯效果、但長期來看卻會導致損失的選項。若這個概念是合理的，它說明了為什麼貧富差距會在每個世代之間複製，以及為什麼儘管當地或外國政府不斷提供幫助，仍無法打破——甚至加深、惡化——這個循環。然而，在檢討「合適的解決（貧窮）方式」是否適合之前，許多人經常忽略「所要解決的目標」是否適當的問題。

在這一章，我們要追問的問題不僅是：政府除了為這些生活在貧窮線以下的人們提供基本救援以外，是否應該做更多？另一個更加優先的問題在於：政府這些所謂「社會正義」或「分配正義」的舉措，本身具有正當性嗎？

◆政府應當扮演廖添丁嗎？

可能有人會認為這根本不成問題，因為政府的責任在於照顧所有國民，分配資源似乎「理所當然」是政府的責任；然而這裡的關鍵在於，「平等地」分配資源是否也是政府的責任？

政府施政的每一分錢都來自於課稅，而稅賦則來自所有人，換句話說，每一分政府用來「照顧」經濟弱勢階級的資源——化成我們較常看到的字眼便是「津貼」、「補助」或是「獎助學金」、「社會福利」——都是由社會上的「所有人」承擔。如果將累進稅制這個遊戲規則考慮進去，便表示社會中弱勢階級被分配到的補助與福利，實際上來自社會中優勢階級原本所能享用的資源，作為一個居中分配者的政府，要以什麼樣的道德理由來證成這樣的重分配？或是，這樣的重分配與劫富濟貧的行為是否有所不同？值得指出的是，無論我們如何高度評價廖添丁的義行，大部分人應該都還是希望自己服從的政府與打家劫舍的強盜集團有本質上的不同，那麼對於資源被重新分配走的優勢階級而言，政府與強盜的差別在哪裡？

對於當代政治哲學家羅伯特・諾齊克（Robert Nozick, 1938-2002）❶而言，這樣的政府與強盜沒有差別！諾齊克鏗鏘有力地主張，人們對自己的財產有「幾近絕對」的權利。諾齊克當然了解，沒有權利是百分之百絕對不容限制的，其原因在於別人對自己的身體也有同等近乎絕對的權利，諾齊克的重點在於，在不侵害其他人的前提下，政府不應當侵犯每一個人對於自己的財產權利。換言之，前文提及的社會福利舉措，在諾齊克的定義下，大都僅是一種美化過的對有錢人的打劫行為。

諾齊克以籃球明星張伯倫（Wilt Chamberlain, 1936-1999）的收入作為例子。他是一位巨星（雖說他的名號對現在多數人來說可能很陌生），當他還是職業籃球場上當紅炸子雞的時候，假如在賽季中人們蜂擁而至欣賞他的比賽，又假設每一個人願意接受的門票價格是一千兩百五十臺幣，若某一年賽季當中有一百萬人觀賞過張伯倫的比賽，那麼他的年度收入至少就比其他人多出了十二億五千萬元。我們可以很含蓄地說，張伯倫的年收入比平均收入高出甚多，他成為了這個社會優勢階級的成員，我們可以想像：在累進稅制的設計下，張伯倫所要付出的所得稅也將遠高於一般人。此時，這個假想中的張伯倫可能會振振有詞地說：「來觀賞我的比賽的觀眾都是『自願的』，我所多於平均的收入都來自於自願的財產轉移，政府究竟憑藉什麼理由從我手中奪取它？」❷

◆正義的市場？

諾齊克說法的一個關鍵假設在於：一個健全而自由的市場是正義的，如果消費者進入市場的時候並沒有不正當的獲取手中資產，那麼通過這個正當的制度，人們在其中依照自己的意願交換產品，付出金錢，最後由市場分配的結果自然也是全然公平的。因此諾齊克認為，在市場自由健全的運作前提下，國家與政治權力最好不要干涉市場運作。事實上，諾齊克主張國家權力應當最小化，任何侵犯自由市場的作為——如同前面提過的「津貼」或「補助」——尤其是透過累進稅率與課重稅來「重分配」社會資源的舉措，都缺乏正當性。當然人們還是需要政府權力的存在，一方面確保市場中締結的各種契約與交易確實被執行，另一方面則避免有欺詐與搶劫等不正當的行為。除此之外，某些公共資源本身有「搭便車」的問題，比較難透過市場來進行分配，例如國防資源與燈塔等公共財的常見例子，在此狀況下政府權力的介入是正當的，但除此之外，諾齊克認為政府權力需要受到嚴格限制。

這樣的想法與許多反對計畫經濟的經濟學者不謀而合，他們認為市場經濟不僅正當，且符合人性，同時能得到最好的資源分配效果；換句話說，自由市場遠比國家深度干涉的經濟制度（例如計畫經濟）運作得更好。經濟學家亞當・斯密（Adam Smith, 1723-1790）[3]著名的一段話清楚說明了：人性的自利傾向在不受干預的市場中反而能使所有人均蒙其利，「我們能享受美味，不是因為屠戶、酒商或麵包師心地善良，而是因為他們關切自己的利益，我們應該要注意他們的利己之心，而非仁愛情懷，我們絕不能提自己的需求，要談的是他們的收益」。在另一段描寫社會主義經濟狀況的小說情節中，可以看到計畫經濟下人們對於自由市場的渴望：「我從小就想開一家商店，任何人都可以來買東西，同時開一間餐廳，如果顧客樂意的話，可以吃烤肉或喝杯啤酒，東西我會賣得很便宜，讓他們吃到真正的農家口味，烤馬鈴薯，肥燻肉加大蒜！泡菜！……店裡的椅子用皮包裝起來，以免蝨子咬人，顧客可以坐下休息，享受美味，如果我將這些想法大聲說出來，我會馬上被送到西伯利亞，但是這樣說有傷害任何人嗎？」[4]從這段情節我們似乎可以這麼說：自由市場中的自願交易不僅是正當的，也不只是最佳分配資源的方式，重點在於它比國家的干涉更加符合人性欲求。

除此之外，對於這些經濟學家而言，維持市場的自由交易不受政治權力侵犯，本身也是一個值得追求的價值。他們認為：經濟的自由一方面能夠促進政治自由，另一方面亦能保障政治自由不受到政府的侵犯。經濟學家密爾頓・傅利曼（Milton Friedman, 1912-2006）便是此中代表，他堅持政府在市場經濟上所扮演的角色應該有所限度。在二十世紀中葉，由於福利國家思想盛行，美國各級政府從國民所得當中大約支出二十六%用於國防，十二%運用於其他方面，在社會主義思想氛圍影響下，僅僅過了二十五年，政府總支出用於非國防方面就上升到三十一%。對於這樣的情勢，傅利曼認為政府運用這麼多預算進行社會福利事業，其本身就是某種形式的「權力集中」，他明確地指出：

權力集中是自由的最大威脅……即使掌控政府權力的那些人剛開始心懷善意，即使他們後來也沒有被手中的權力腐化，但是那權力本身肯定不僅會吸引也會塑造另一種性質的人！（《資本主義與自由》，頁三五）❺

除了避免政府權力過大以外，傅利曼也提醒我們，經濟自由本身也是自由的一部分。他注意到經濟與政治制度兩者的密切關聯，並且認為「一個在經濟上實施社會主義的國家，在政治上絕不可能是民主的，也就是說，這種政府絕不可能保障個人自由」（《資本主義與自由》，頁二）。我們一般會同意，政府不得任意剝奪人民的參政權，換句話說，除非經過民主程序或有正當理由（例如犯罪者被褫奪公權），否則「政治自由不可被侵犯」，自由主義者都認可，這一點是我們能夠維持自由的核心價值。然而傅利曼語重心長地提醒讀者：儘管經濟自由本身也屬於廣義自由的一部分，人民卻常常任其被政府侵犯而不自覺，甚至還認為政府「努力拚經濟」、用各式各樣的手段干涉市場是一件值得讚賞的好事。

傅利曼舉了一個例子說明經濟自由與公民政治自由的緊密關聯，他以美國的少數宗教社群安米緒人（the Amish）拒絕參加美國聯邦政府提出的養老計畫為例，這個宗教社群自成一個文化圈子，有嚴謹的教派原則，所以當聯邦政府強制要從他們的收入中提取養老稅金時，社群成員強烈抵抗，認為這不僅是金錢問題，也侵犯了個人自由，因為這些成員沒有意願接受聯邦政府的養老給付，那麼政府憑藉何種理由能夠強制他們參加這個聯邦養老計畫呢？結果是聯邦政府將安米緒社群成員的一部分家畜拉到市場拍賣，然後將價金沒收。傅利曼對於這件事的評語是：「沒錯，也許不會有多少人認為強制性的養老保險剝奪了他們的個人自由，但是，自由的信徒從來不會認為少數人的自由不是自由。」（《資本主義與自由》，頁三二）

另一個引人深思的例子是好萊塢曾發生過的幽靈名單事件，在冷戰時期，美國社會有一股對於共產主義思潮以及赤化的恐懼，反映在政治上形成所謂的「麥卡錫主義」（McCarthyism），意指由威斯康辛州選出的麥卡錫參議員所發動的，一股獵殺共產黨員或其親近分子的社會氛圍，當時只要與共產主義扯上關係就可能失業或在職場上被封殺，好萊塢因此出現一份「好萊塢十君子」的名單，名單上的劇作家、導演或演員都無法用真名待在演藝圈，只能以化名像幽靈一般地工作，直到其中有人的作品得到了奧斯卡獎，這件事才爆發出來。傅利曼認為這正是一個很好的例子，證明了只要市場不受政治權力侵犯，受政治權力壓迫者就能在市場中生存，但如果連市場都受到國家權力掌控，那麼所謂的好萊塢十君子早就被迫離開好萊塢而無法生存了。

◆「分配的選擇」就是「價值的選擇」

在本章，我們可以看到政府在決定「分配多少？」之前，實際上有個更基本的問題——「政府應不應該進行重分配？」我們提到許多人認為追求平等的重分配政策，某種程度侵犯了另一個同等重要的政治價值——個人自由。我們似乎可以說，在考量分配問題的時候，政府同時也必須在不同價值當中做抉擇，然而難道「平等」與「自由」必然有所衝突嗎？在下一章中，我們會更進一步介紹諾齊克所主張的自由市場資格理論。

問題思考

1. 讀完了本章，你／妳認為政府的重分配政策合理嗎？還是僅是羅賓漢劫富濟貧的措施？記住自己的想法，讀完了後面的羅爾斯，可能會有不同的看法。

2. 從該不該分配到該如何分配，都有賴於對平等的想像，你／妳認為是重分配還是自由市場分配比較符合平等呢？

第五章

資本主義、自由市場與平等

經驗應該教會我們，在政府出自一番好意時，要特別提高警覺，設法保護自身的自由，生而自由的人，天生總是時時留意，力抗邪惡的統治者侵犯他們的自由，自由面對比較大的危害，是熱心善意不求甚解的人，不知不覺中偷偷侵犯了自由。

——大法官布朗戴斯（Louis Brandeis），一九二八年

權力集中是自由的最大威脅……即使掌控政府權力的那些人剛開始心懷善意，即使他們後來沒有被手中的權力腐化，但是那權力肯定不僅會吸引也會塑造另一種性質的人。

——傅利曼，《資本主義與自由》，頁三五

◆被忽略的連結？經濟自由與公民自由

在自由主義者的想像中，國家或政府的形象通常是一隻龐然巨獸，是霍布斯描繪的利維坦，弱小的個人不僅需要這個巨靈，且更需要永遠對它抱持戒慎恐懼的態度。個人之所以需要國家或政府，是因為社會生活的型態日漸複雜，個人無法孤立生活——如古希臘大哲亞里斯多德言，人為政治的動物，如有離群之人，若非神明便為極惡之人——人不但因為無法獨自生活而必須與人群為伍，社會生活也因各方面必然的衝突而使政府成為必需品。儘管如此，在自由主義者看來，政府仍然是某種「必要之惡」。這樣的思維反映在經濟事務上，便是對政府干預市場的批評與反彈，諸多批評可大略分成至少三類：第一是西方因應八〇年代社會氛圍的變化，英國首相選出了柴契爾，美國選出了雷根，兩人都主張小政府，並且對前一個世代普遍流行的福利國家思潮大加撻伐，認為這種思維不但缺乏效率，並且導致「均貧」，影響市場機能。

另一種批評則是前面章節提及的，著眼於自由市場的政治功能，認為市場自由本身就是政府與人民之間的一道有力屏障。換句話說，經濟自由某種程度上保障了政治自由，不被政府權力侵犯。經濟學者傅利曼認為，一個在經濟上實施集中計畫管理的國家，在政治上也絕不可能是民主的，也就是個人自由無法在這樣的社會中得到保障。一如傅利曼認質疑，美國的宗教社群安米緒人曾因拒絕接受聯邦政府所實施的強制性養老計畫而拒絕繳納養老稅金，政府因此拍賣一部分他們的牲畜以支付養老稅，這樣的行為是否侵犯個人自由或許有所爭議；在臺灣為了維持全民健康保險制度所必須增加的二代健保補充保費，是否是對個人經濟自由的侵犯，也是高度爭議性的問題。對於傅利曼與海耶克[1]這些主張市場自由的經濟學者而言，答案都是無可置疑的肯定。對傅利曼而言，信奉自由的信徒，絕不會認為少數人的（經濟）自由不是自由。（《資本主義與自由》，頁三）

然而經濟自由究竟在保障政治自由這個價值中扮演什麼角色呢？對

於自由主義者而言，政府的危害在於它具有權力集中的傾向，所以一般而言，在自由主義的社會中，政府的權力都會被清楚地規定在憲法當中，人民會透過自己選出的代表來監督政府的行政部門，防範行政權力的自我擴張；然而在政府掌控經濟事務的層面，民眾似乎總是忽略了政府的權力容易自我擴張的事實。實際上，我們可以看到，在臺灣社會中，即便再小心翼翼的公民，似乎都對於政府處理經濟事務擁有莫大的信心，以至於每一回選舉都可以聽到政府信誓旦旦要「拚經濟」的口號。儘管市場也是人民私生活的重要面向，但政府對這方面的干預似乎很少受到管制或監督，人民對自主性的要求，作為主權者的威嚴，以及對於權力代理者政府威脅的恐懼，似乎都在市場這個奇特的領域前屈尊讓步。

為何人民看不出這種顯而易見的危險？「國家干預，特別是以立法的形式實施的干預，有益的作用是直接立即的，且顯而易見，而干預的有害作用卻是漸進的，間接的，出現在遠處看不見的……大部分人民也不會記得國家督察員可能是不稱職，疏忽職守的，甚至是腐敗的，因此大多數人必定總是會對政府干預過分青眼有加」（《資本主義與自由》，導論），短期的利益總是比長遠的禍患要更加引人注目。美國曾在戰時因兵源短缺而喊出一句口號：「不要問國家為你做了什麼，而要問你為國家做了什麼。」針對這樣的呼籲，主張限制政府權力的傅利曼等人的回應則是：「自由人既不會問他的國家能為他做什麼，也不會問他能為他的國家做什麼，他倒是會問，我跟我的同胞們透過政府能做什麼，以便有助於我們履行我們個人的責任，以便達成各自的目標，特別是保護我們的自由？」（《資本主義與自由》，導論）

自由市場除了是政府與公民之間的自由堡壘外，第三種更深刻的想法是：自由市場牽涉到的是人民所擁有的財產權利，而財產權源自個人的勞動所得，所以每一個人應該對自己所擁有的財產具有某種程度的絕對權利——或某種「資格」（entitlement）——可以預防政府或社會中的其他公民之侵犯，與羅爾斯同為學院同事的羅伯特．諾齊克，於其撰寫的《無政府、國家與烏托邦》（*Anarchy, State, and Utopia*）中所提出的資格理論，其核心便在於：在情況不涉及暴力與詐騙時，人們應當有絕對的權利去處分自己的財產。他認為要檢視資格是否存在，只需要三個原則：該對象物一開始是否正當地取得，人們在轉移與交易該對象物的過程中是否自由地進行，最後是任何違反前述兩條原則的交易必須被矯正。

在這些原則中，讓人最為疑惑的莫過於第一部分的「正當初始獲得原則」。首先，在這個世界中已經罕見所謂的「無主物」，大部分的土地與資源都已經被某些人掌握，在人們交易流通的自由市場中，欲檢驗是否涉及欺騙與暴力，相較於探究這些財產最初的獲得過程相對容易，但要檢驗最初被占有的過程則非常困難，因為這是一個歷史的問題。就好像是追問當前美國社會中的各種財產最初獲得的過程是否符合正義一樣，這類的歷史問題不但在考證上有極大困難。更有可能發生的情況是，就算真的經過深入考證，可能發現當前美國社會中許多富人的財產事實上源自於美洲西部拓荒時期，對美洲原住民種種不公不義的劫掠行為，這時，政府對於財產的重分配是否可以依據「初始獲得不正義」原則，而主張大幅地移轉富人財產？諾齊克的回答是否定的。他認為歷史問題無從考證，應當關切的是現存個人所擁有的權利（或資格）是否遭受國家的侵犯，在某種程度上，這樣的資格理論承認現狀，認為眼前的財富分配狀態本身有其合理性，此論點有時令主張平等的自由主義者難以接受。

諾齊克的資格理論看似保守，背後隱藏的卻是對政治權力的疑慮而表現為對政府功能的限縮。在他的著作當中，諾齊克得到的結論是某種程度上的最小政府，也就是除了避免暴力偷盜、防止欺詐、保障契約履行、防禦外敵以外，政府的其他任何功能似乎都有可能侵犯個人的絕對權利。我們可以說，如果前述傅利曼等人是把自由市場當成保障政治自由不可或缺的手段與工具，諾齊克看待自由市場的觀點則是更加深刻。

自由市場是個人行使其財產權利的場域，政府的干預若超過了保障契約履行的部分，在諾齊克的資格理論下，可能全都是侵犯權利的不正義，自由市場本身除了手段，也是個人權利的彰顯。

這樣的論點自然遭受許多批評，關於財產權「初始獲得」的另一個困難在於，如果最初世界上的資源是共有的，那麼當前我們所看到的私有且排他的財產權是如何產生的呢？諾齊克採用了十七世紀英國政治思想家約翰．洛克（John Locke, 1632-1704）的勞動理論。簡單地說，洛克指出人類的勞動可以將共有物轉化為私人所有的財產，他在《政府論次講》（*Second Treatise of Government*）中指出，勞動可以看成是身體的衍伸，我擁有我的身體[2]，所以我也擁有我的勞動所得：

> 土地和一切低等動物為一切人所共有，但是每個人對他自己的人身享有一種所有權（自我所有權〔self-ownership〕），除他以外任何人都沒有這種權利，他的身體所從事的勞動和他的雙手所進行的工

作，我們可以說是正當地屬於他的，所以只要他使任何東西脫離自然所提供的原本狀態，他就已經摻進他的勞動，在該物上面加入了某些他自己的東西，因而使它成為他的財產……從而排斥了其他人的共同權利。（《政府論次講》chap. 5: 27, 288, 18）

洛克對勞動有非常正面的評價，以十七世紀正在崛起的英國殖民帝國而言，對於美洲新大陸的征服與資源掠取不僅只是一種強盜行為，相反地，相較於歐洲人對農耕的知識，洛克認為美洲原住民印地安人無法以同樣程度來發揮其勞動價值：「正是勞動使一切東西具有不同的價值，如果任何人思考一下，一英畝種植菸草或甘蔗、播種小麥或大麥的土地，與同一英畝公有的、未加墾殖的土地之間的差別，他就會知道勞動的作用造成價值的絕大部分，我認為，如果說在有利於人生的土地產品中十分之九是勞動的結果，這不過是個極保守的計算……在絕大多數的東西中，百分之九十九全然要歸之於勞動。」（《政府論次講》chap.

5: 36, 294, 24）。換言之，我們可以說，某種程度上洛克已經在主張勞動產生價值的學說了。

儘管擁有自己的勞動所得聽起來似乎很合理，但是假如最初的世界資源與土地是共有的，第一次的私人占有，實際上有可能構成一種對「其他共有者」的侵犯。換句話說，藉由勞動而將共有物轉化為私有財產的過程，缺少了其他共有者的同意與肯認。在洛克式的「勞動—私有財產」關係中，受到後世批判的一點即在於：洛克似乎認為財產權利只是一種「人與物」之間的簡單關係，換句話說，似乎僅僅個人占有某物的事實本身，便能形成某種具有正當性的權利；然而財產權似乎更近乎於一種「人與人之間的社會關係」，也就是一旦某物被社會肯認受到某人的「排他使用」，此時社會中什麼東西是你的、什麼是我的，就壁壘分明地被標註出來。財產作為一種社會制度，與其他社會制度共通的地方在於：它顯示了人與人之間應當如何共存在某種特定秩序當中的樣態，因此，勞動產生價值的論點儘管有其合理之處，似乎在財產權利的社會面向上仍然有所不足。

十八世紀出生於日內瓦的政治思想家盧梭❸對於私有財產制的不滿，或許可以看成是對洛克財產權理論的批判。盧梭嚴厲批判私有財產制所導致種種不平等的罪惡，他指出私有財產制忽略了社會原本是所有人共有共存之地：「是誰第一個把一塊土地圈起來並想到說：『這是我的。』而且找到一些頭腦簡單的人居然還相信了他的話，誰就是文明社會的真正奠基者。假如有人拔掉木樁或者填平溝壕，並向他的同類大聲疾呼：『不要聽信這個騙子的話，如果你們忘記土地的果實是大家所有的，土地是不屬於任何人的，那你們就要遭殃了！』這個人該會使人類免去多少罪行、戰爭和殺害，免去多少苦難和恐怖啊！」（Rousseau, The Discourses and other early political writings, P. 161）他同時認為私有財產制度深化了不平等：「強壯的人工作較多，靈巧的人可以獲得較多利益，聰明的人找到了縮短勞動的方法……雖然彼此都同樣地勞動，但有的人獲得更多報酬，有的人連維持生活都有困難，這樣，『自然的不平等』就

不知不覺地隨著『關係的不平等』而展開了。」（《社會契約論》，頁一〇八）

除了指出私有財產制本質上的罪惡外，盧梭亦進一步指出：社會深化的不平等導致人與人之間關係的扭曲：

> 從前本是自由、自主的人，如今由於無數新的需要，可以說已經不得不受整個自然界的支配，特別是不得不受他的同類的支配，縱使他變成了他的同類的主人，在某種意義上說，卻同時也變成了他的同類的奴隸；富有，他就需要其他人的服侍，貧窮，他就需要他們的援助，不窮不富也絕不能不需要他們，於是他必須不斷地設法使他們關心他的命運。（《社會契約論》，頁一一〇）

盧梭對於此種扭曲了的人性有著深刻的觀察：

永無止境的野心與其說是出於真正的需要，毋寧說是為了使自己高人一等的累積財富的狂熱，使所有人都產生一種損害他人的陰險意圖和一種隱蔽的嫉妒心……總而言之，一方面是競爭和敵對，一方面是與其他人的利益衝突，人們總是想從其他人的損失中獲利，這所有的邪惡都是財產造成的效果，同時也是新生的不平等的必然產物。（《社會契約論》，頁一一〇）

盧梭為我們指出了自由市場可能導致的災難與不正義，這也使我們深思下列問題：自由市場是否如本章一開始某些被稱為「市場基本教義派」的學者們所認為的，具有自我調節的能力？退一步言，即便市場具有自我調節的能力，自由市場對於社會的影響是否都是正面的？如果答案是否定的，那麼自由市場產生的不平等與不正義，是否需要其他力量的介入？對於這個問題，美國在二十世紀初期曾經抱持相當自由的態度，甚至認為不需要制定保障勞工權益的法規，因此聯邦法院甚至宣告某州制定的「規定最長工時與最低薪資」的法律違憲，因為法院認為這樣的規定侵犯了勞工們的工作權。法院的態度似乎是：勞工們如果自願選擇過度加班以求多得薪資，那麼政府就無權干涉勞工自由意志下所做的選擇。然而，若把同樣議題放在臺灣，我們要探問的是：在勞資雙方不對等的自由市場當中，勞工所做的選擇在多大程度上是充分自由與自願的？

◆自由市場與機會平等？

在諾齊克的理想世界裡，自由市場儘管仍然會導致某種程度的不平等（市場中總有贏家與輸家），但是這是經過正當程序產生的不平等。就好像我們參加考試，只要考試當中沒有人作弊，那麼考完試的分數落差似乎就是合理的，不會有最後一名的同學爭論分數應該平等分配。我們通常把這種對於平等的想法稱之為「機會平等」與「功績主義」，意思是指在「機會平等」的前提下，行為者各憑本身才能相互競爭，最後市場中的輸家便應該能夠接受「不平等的結果」。但是，當我們進入市場的時候，機會是真的人人平等嗎？會不會有人一開始就贏在起跑點？下一章我們要以當代最偉大的政治哲學家之一羅爾斯的差異原則，來回答與討論這個問題。

問題思考

自由市場本身與其結果是正義的嗎？

政府拚經濟的口號，是否對於政治權力的集中有潛在的影響？

第六章

運氣的平等——「自然樂透彩」公平嗎？

◆我爸／媽是大老闆，錯了嗎？「仇富」只是忌妒或眼紅？

貧富差距自古有之，但今日的社會中，貧富差距似乎更容易引起不滿的情緒。二〇一四年的臺北市長選舉中，無黨派的柯文哲與國民黨的連勝文年齡差距近三十歲，然而五十五歲的柯文哲卻得到了年輕世代的選票，以差距高達三十%的壓倒性勝利，以素人之姿登上臺北市長之位。評論者認為：「在這場選戰中，選民根本看不見連勝文，而只看見他的父親，連戰，因為他的一切都來自他的父親。」[1]姑且不論對這場已經成為過去式的選戰的評論是否公允，這裡的疑問是：出身於權貴階級難道是一種原罪？

◆羅爾斯談分配正義

不管前述十八世紀的盧梭如何以浪漫的口吻指出：「人（曾）生而

平等」，大多數人卻總是關注他接下來無奈道出的殘酷現實：「但如今卻皆在枷鎖之中」。人實際上生而不平等之處太多，差距之大，讓分配資源的問題成為自古至今不曾退燒的政治哲學議題。尤其在二十世紀學院中的教授羅爾斯[2]撰寫了《一種正義理論》（*A Theory of Justice*）（以下簡稱《正義論》）之後，在這部厚達六百七十一頁的大部頭著作中，羅爾斯以邏輯清晰、論證嚴謹的學術寫作方式，深入探討與分析了這個主題，若說羅爾斯是二十世紀最具有影響力的政治哲學家應該不會有什麼疑問。這一部政治哲學界重量級著作，是從極度震撼人心的一句話開始的：

> 正義是社會制度的首要德性，正如真理為思想體系的首要德性。一種理論，無論如何優雅簡練，如果不真確（untrue），就必須被拒絕或修正，同理，法律與制度無論如何有效率和有條理，如果它們是不正義的，也必須予以改革或廢除。每一個人都擁有建立在正義

之上的不可侵犯性（inviolability），即便為了全社會的福祉也不可以被凌駕超越。❸

在這短短的開頭段落中，羅爾斯已經清楚地表現其正義概念的特色。首先，雖然在一個社會中存在著許多值得追求的價值（例如平等與自由，或是效益與人權），而「正義」或「公平」也是諸多政治價值中的一種，但對於羅爾斯而言，這些價值有優先順序，而正義這個價值特別之處，即在於它優先於其他所有的價值，是我們應當追尋的「首要」美德，也就是說，沒有其他價值值得政府去犧牲正義。當政府在設計制度、制定法律的時候，當然也需要追求經濟利益（某種程度上，這可能是臺灣政治上最沒有爭議的政治主張，不分藍綠黨派，一個會拚經濟的政府似乎總是在選舉的時候特別有號召力）。其次，羅爾斯在這個段落亦特別指出，正義是一種「制度的美德」，「制度」（institution）這個字眼通常是指有組織的社會團體——例如大專院校或銀行等——依據羅爾斯的學生湯瑪斯・博格（Thomas Pogge, 1953-）[4]的詮釋，羅爾斯談的社會制度是指某種「構成行為者之間關係與互動的習慣與規則」[5]，這種意義下的社會制度範圍較廣泛，包含經濟合作、契約等活動，例如人們在社會中相互約定的活動本身也可以被看成是一個「制度」，這個制度當中包含了「兩個行為者之間的何種互動算是設下一個約定」，以及「受約人的何種行為可以視為是解除承諾」，或者「在何種情況與條件下，違反約定是可以被寬恕的」。作為制度的社會承諾中包含種種規則，形成人們日常生活的一部分，羅爾斯所談論的正義就是對這些制度的道德評價——我們稱之為社會正義（social justice）。

一般認為羅爾斯對正義與不平等的關切與其家庭背景有關，羅爾斯出生於巴爾的摩的富裕家庭，祖父是銀行家，父親是律師，母親是地方婦女領袖。家中原有五個兄弟，童年時期兩個弟弟遭羅爾斯傳染白喉而去世，評論家認為這個悲劇事件對羅爾斯有很大的影響。除此之外，羅爾斯很早便意識到家中長輩們對地方上黑人社區的態度；家人要求羅爾斯與不同社區的孩童保持距離，而儘管他年紀小，當時社會上的種族隔離與不平等已經引起羅爾斯的注意。一九三九年羅爾斯進入普林斯頓大學，在考慮過許多專業以後（包括化學、音樂與藝術史），他最終選擇哲學作為自己的志業。一九四三年畢業取得學士學位後，他入伍當兵，一九四六年退役，一九四八年開始撰寫博士論文，一九四九年與瑪迪・福克斯（Mardy Warfield Fox, 1927-2002）結婚（據說她向羅爾斯灌輸機會平等對於女性的影響），一九五〇到一九五二年在普林斯頓擔任講師（閱讀經濟學相關著作），一九五二到一九五三年到牛津訪學，一九五三從牛津回來以後獲得康乃爾大學助理教授職位，一九五六年升為終身職的副教授，一九五九年受邀去哈佛訪問一年，同時麻省理工學院給予他一份終身教職，一九六一年又收到哈佛教職邀請，便自一九六二年於哈佛執教到一九九一年退休；《正義論》以及後來的修正版本，便是這段時期的學術產出。

在這段典型的學院生活當中，有幾件事情據說對年輕的羅爾斯產生了深刻的影響。首先是影響了整個世代的越南戰爭，對羅爾斯那一代的許多年輕人而言，這是一場不正義的戰爭，而他認為不正義的癥結之一在於巨大的財富分配不平等，經濟上的不平等深刻影響了政治運作，美國政治運作允許有錢人與大企業（軍事企業）透過捐助政黨以掌控競選，然後無辜的貧窮階級反倒必須扛著武器走上戰場。事實上，反映在軍隊制度上的貧富差距一直是熱門議題，美國民主黨眾議員藍格爾（Charles Rangel, 1930-）便曾批評軍隊制度凸顯的經濟不平等，指出在二〇〇四年，有七十％的志願役軍人來自低收入社群，包含非裔或拉美裔，換言之，軍隊制度反映出經濟上的不平等，也反映出經濟弱勢遭受不正義的嚴重程度。❻

除此之外，羅爾斯也反對當時越戰徵兵的緩役政策，這個政策主要是容許繼續就學的學生能夠暫緩上戰場；然而學生是否能繼續升學，相當程度取決於各科教授打的分數，羅爾斯認為這給予學院的老師們太大的權力，足以左右學生畢業以後是否會被送上戰場。羅爾斯《正義論》

中的一段話是很適切的總結：

不論來自何種經濟與社會階層，那些有著相近稟賦與企圖心的人們，都應該享有獲取政治權力的平等機會……從歷史上看，憲政政府的主要缺點之一，是未能確保政治自由的公平價值，資產與財富不平等遠遠超出了政治平等所能包容的程度，而這些不平等在法律體制內卻被普遍的寬容。（《正義論》，頁二〇七）

羅爾斯對於平等議題的關注是顯而易見的，然而，是什麼導致了不平等？為什麼不平等在道德上是有問題的？

◆「白手起家」？這樣的運氣中，時代給了多少幫助？

二〇一七年耶誕節前，美國總統川普履行了上任第一年的承諾，送給美國富人與大企業們一個耶誕大禮——對企業進行大幅度且永久的減稅，以刺激經濟。近乎同時，臺灣的林全內閣也提出了「聰明稅改」[7]，增加企業稅負的同時，也為在股市中獲利的大戶們減稅，因此毀譽參半。政府擔憂企業出走的同時，企業家們也振振有詞：「難道個人不應當享有白手起家的果實？」「重分配稅賦是劫富濟貧！」那麼，在道義上一個人究竟是否應得他自己努力的成果？驟看之下答案似乎是無庸置疑的。這就好像是在問一個考試拿了一百分的學生，是不是應該與分數較低的同學分享分數一樣，高分的學童可能會說：好成績來自於我個人的努力，因此我應得這份榮耀。

羅爾斯提出至少兩點看法，說明這種看似理所當然的「道德應得」是值得反思的。首先，成功者經常忘記在自己的成功過程中，充斥著偶然的因素，許多人在「白手起家」的過程中，或曾受過貴人提攜與幫助，或曾接受他人恩惠與協助。除此之外，羅爾斯特別強調的「偶然性」，還可以分成三個層次來說明：第一，每個人出身不同家庭，不同家庭提供的社會經濟地位與資源不相等，因此而有「含著金湯匙」這樣的俗語，出身豪富之家的孩子雖未必保證成功，但畢竟擁有相當的優勢；其次，羅爾斯進一步指出另一個經常被忽略的偶然自然優勢，那便是每一個人生來擁有不同天資稟賦，這類的自然優勢經常被忽略，然而實際上它的影響力不會比家庭背景遜色，天資優異之人儘管與天資平庸之人處於同樣境地，天生的長相、智商、才華與體能（甚至性別）都有可能形成人生路上的強大助力，而在前者的成功之途中扮演重要角色。由於天賦與自然資質難以藉由後天的補償而提升，因此某種程度上兩者進行的競賽便因為天賦的差別而變得不公平，羅爾斯將擁有這類自然優勢者稱為中了「自然樂透彩」（natural lotteries）的得主。

最後，無論是哪一種自然優勢，隨著「界定優勢」的時代不同與不同的社會環境需要，前述各種優勢都有可能變動，換言之，沒有所謂永恆的優勢或劣勢。最明顯的例子之一就是外貌優勢，每個時代的審美環境不同，甚至同一個時代不同區域的審美觀也有可能落差極大，若將唐代楊貴妃之美與今日時裝伸展臺上的模特兒做比較，便可清楚感受時代之間的差異與審美觀的偶然性。又或像是「何種才能可以被稱為才華」，這個問題的答案相當程度上也取決於時代與社會環境的需求，就好像體力雄壯在崇尚勇士的斯巴達可能是一項「才華」，但在人工智慧的時代，或許數理邏輯能力能夠獲得更高的社會地位與獎勵。羅爾斯的重點在於：如果決定貧富差距的因素——家庭背景與自然稟賦——都不能歸功於個人（因為兩者都充滿偶然性），那麼個人對其所享有的社會經濟地位便也不能說是「道德上應得之物」，羅爾斯因此主張「每一個人都是屬於全社會的共同資產」。

有人也許會反駁：就算自然稟賦與社會經濟背景有部分偶然性，難道在人生旅程中，「個人選擇」所導致的成功（或失敗）也不能歸功於個人嗎？羅爾斯指出：在社會當中，「個人選擇」就跟「自然稟賦」一樣地偶然，不具值得獎賞的道德應得性質。既然成功並非個人應當獨享的果實，那麼人與人在社會經濟地位上的巨大不平等便失去了正當性，社會制度應當追求公平分配，（社會）正義應當是制度的首要美德！然而，具體而言，什麼樣的制度才符合正義呢？

◆對抗偶然性！羅爾斯的正義論與差異原則

雖然正義概念自古有之——第一章中提及兩千年前的希臘哲人柏拉圖便已在《理想國》首卷中探討正義概念的內涵——然而對於羅爾斯而言，正義不僅僅是一種個人美德，它更是社會制度的首要德性。羅爾斯強調：「正義否認為了使某些人享有更大的利益，而使另一些人喪失自由可以是正當的，它不承認多數人所享有的較大利益比強加於少數人的犧牲更重要，在一個正義的社會當中，平等公民所擁有的基本自由（the liberties of equal citizenship）是確定不移的，由正義保障的權利不能屈從於政治上的討價還價，或是社會利益的計算。使我們勉強容忍一種錯誤理論的唯一原因，是缺少一個更好的理論，同理，不正義只有在必須避免更大的不正義產生時才能被容忍，作為人類活動的首要德性，真理與正義都是絕不妥協的。」（《正義論》，頁三一四）

在此論點上，羅爾斯提出了他的正義原則：在一個每個公民具有平等道德地位且共存於同一社會的合作體系之中，任何社會與經濟的不平等應當滿足兩個條件才具有正當性：

第一、在機會公正平等的條件下，職位與公職向所有人開放。

第二、這些不平等必須對社會中處於最劣勢的成員有利。

前者被稱為機會平等原則，後者則稱為差異原則。所謂最劣勢者是指那些由於天賦較弱，來自社會經濟接濟底下的貧困家庭，又或由於生活中運氣較差，從而成為社會中收入最少的人。差異原則要求的是：在其他條件大致相同的狀況下，假如社會不平等存在的話，某些特定政策或措施要能對最劣勢者團體有所幫助才有正當性，例如所得稅率的修改要能增進低收入戶的利益等等。

對許多人來說，差異原則的爭議性很高。就算在家庭環境及天生資質方面，確實有某些人天賦異稟占了便宜，也不代表這些天之驕子與平凡人之間的「任何差距」都需要正當理由。有人便認為，貧富差距或階級的差異可以藉由普及教育而縮短，換句話說，普及且健全的教育制度可以促進階級流動，讓每一個人儘管在不同的天賦條件下，仍然可以有公平的競爭機會。假如真是如此，則羅爾斯的差異原則就可能是多餘的，假如沒有中自然樂透彩的一般玩家也能藉由公平的教育制度而與中獎者有相同的起跑點，羅爾斯所憂慮的不平等便似乎沒那麼不可撼動；然而，「教育能夠改變不平等」此概念本身是否是一個迷思呢？

◆教育促進階級流動？

在我們的世代，前總統陳水扁雖出身三級貧戶，但透過平等的聯考而考上臺大，並一舉在大學時考上律師，之後進入政治場域出任臺北市長，最後被選為總統的故事，大概是前述命題「教育改變現存不平等，促進階級流動」最廣為流傳的一個例子。美國的例子，如二〇一七年甫當選的新任哈佛校長羅倫斯．巴考（Lawrence Bacow, 1951-），他將於二〇一八年七月初任校長職位；巴考本身是猶太移民之子，母親逃離納粹在波蘭建立的集中營來到美國，巴考在演說中就充分表達了這種「教育帶來平等」的樂觀看法：「哪裡可以讓剛下難民船，身上一無所有的難民，僅僅一代就得以翻身，享有我和家人所過的生活與機會？高等教育使這一切有機會發生。」[8]

然而，教育真可能矯正與去除羅爾斯所指出的天生稟賦之差異嗎？羅爾斯給了一個否定、但值得深思的答案：

直覺上最接近獎勵道德應得原則的，似乎是按努力來分配，但我們仍一再看到，一個人願意付出的努力，仍然受到他們天賦的影響，在其他條件相同的情況下，天賦好的人更可能努力奮鬥……因此獎勵應得的想法不切實際……因為他的個性培養，在很大程度上依賴於幸運的家庭和環境，而對此他不能聲稱有任何功勞。

我們可以說：每一個人被分配到的教育資源，很大程度上也取決於是否享有自然樂透彩，因此即便有平等的教育資源分配，人們在多大的意願上能夠利用這些平等分配的教育資源，仍然受到許多偶然性因素的影響，在這些偶然性因素中，種族、性別與文化是最為明顯的因素，因此在接下來的章節當中，我們將分別討論這三個主題與平等的關聯。

第七章

種族平等

在平等概念的諸多面向中，種族平等有時被認為是一個過時的議題，畢竟，無論是南非或美國，歷史上慘酷的種族隔離制度均已畫下句點，美國甚至出現了第一位非裔總統歐巴馬。種族之間的平等也要求視角的平等對待，因此美國每年十月的哥倫布紀念日（Colunbys Day），也被更改為原住民紀念日（Indigenous People's Day），因為美洲大陸原本便存在著原生族群，美洲歷史不應該是從西方人抵達的那一刻開始起算。科羅拉多州路易斯學院的學生表示：「設立原住民日的意義並不是要完全將哥倫布從歷史或人們的集體記憶中抹除，而是當成一個修復關係的過程，讓人們能夠去談論哥倫布對於現今原住民社群造成了什麼影響。」[1] 換句話說，種族之間的平等，除了去除導致不平等的種族制度，也需要積極地消除種族之間在文化與社會話語權上的不平等。

在臺灣，同樣的平等意識似乎也開始增長。先前國民黨政府執政時，政府推動客語電視臺，民進黨政府上臺後，也舉辦許多原民文化節等活動。我們可以說，政府對於種族之間的不平等議題似乎也相當重視，對於原住民在歷史紀錄當中受到主流族群——平地漢人——矮化與扭曲的部分，學界也開始反思，也因此，也許有人認為種族議題在當代臺灣社會已有相當進展。

不論是如南非在二十世紀初所實施的種族隔離制度，或是美國內戰前南方社會黑白分明的社會狀態——在當時除了各種社會制度，包含教育都是黑白分離，甚至連圖書館、洗手間與飲水機等公用設施，都分成白種人使用及有色人種使用——甚至是至今都還未能消失的印度種姓文化，在臺灣社會都是被明確排除的。正因如此，我們理當會認為：相較於種族平等，性別或資源方面的不平等似乎更加急迫。然而，接下來的章節要討論的正是：這樣的寬慰或許僅僅是一種自我欺騙的幻覺，種族間的緊張與不公對待不但依舊存在，而且正如同前面所探討的諸種不平等一樣，正在逐漸深化當中。

二〇一七年的八月，我們看到二十七歲的越南籍移工阮國非在被警方追捕的過程中身中九槍致死[2]，在尚未了解事件原貌之前，第一個浮上心頭的疑問是：阮國非是誰？他犯下什麼重大罪行需要遭到如此處置？隨著媒體上案件相關細節曝光，阮國非身為逃逸外勞的身分與警方在處理過程中的疑點一一顯現，此時第二個疑問則可能是：他為什麼要逃跑？重重疑問下，在臺移工的悲慘處境終於在媒體鎂光燈下現形，現行扭曲的移工制度也才開始為人所知。在當前的移工制度下，外籍勞工無法自由換雇主，在這種不對等的權力關係當中，移工一旦遭受剝削或不當待遇，其處境便是人間地獄。換句話說，在逃跑外勞的悲劇事件中，我們看到的——也是先前許多人未曾看到的——是背後深層不平等的結構，是政府對於弱勢族群的忽略。那麼，我們應該如何來理解這樣的忽略與不平等待遇呢？

已故的芝加哥大學艾莉絲．楊（Iris Young, 1949-2006）[3]在她的經典著作《正義與差異政治》（*Justice and the Politics of Difference*）[4]當中批評：當代談社會正義的焦點僅僅限定在資源分配，而忽略了在社會當中的不平等與不正義實際上經常源自於一些「無法被分配的東西」——例如機會（opportunity）、自尊（self-respect），甚至權利（non-material right）——艾莉絲．楊認為，用「分配的語彙」去討論這些非物質的東西只會模糊真正的焦點，真正的重點應該在於，這些社會問題背後的整體結構與制度。

舉例而言，當我們討論美國社會中，非裔美國人的學童究竟是否「擁有」與白人學童一樣多的教育機會？艾莉絲．楊認為當我們追問這類問題時，必然會牽涉到資源的分配，像是偏鄉地區的學童所需要的書籍、電腦設備，甚至師資可能在數量上都相對匱乏，所以如果要達到所謂「機會平等」的目標，政府在教育資源上的分配與提供顯然是必要的。但是她認為，若是僅用分配的思維去探討此類問題，會忽略問題的根源，亦即隱藏於背後更深層的制度、規則與文化。

換句話說，即便黑人與白人學童能夠擁有相等的教育資源，出身於非裔美國人藍領家庭的學童，仍然可能於外在環境氛圍的限制下，無法享受這些資源;除此之外,「自尊」也是一種難以被分配思維處理的資源。艾莉絲・楊犀利地指出:「自尊指涉的並不是某些人們所擁有的財產或特質,而是一種他或她看待自己處境與生活期望的態度。」(《正義與差異政治》,頁二七)某種程度上,自尊是人們「界定自己」的方式,而這件事經常與人們在多大程度上能夠自主獨立地為自己制定規則有關。意思是,對適用於己的各種社會規則的話語權愈少,對自己的公共生活參與程度愈低,都可能導致自尊心的愈加低落。此處的重點在於:物質生活充裕的人儘管在分配的層面上獲得正義公平的對待,但並不代表這些人沒有遭受其他面向不正義的待遇。

超級名模卡麥隆・羅素(Cameron Russel, 1987-)於二〇一二年在TED的演說中談到,她作為「擁有美麗外表的白人女性」不僅以此獲得高收入,這樣的外表與主流族群身分也讓她享有某種優惠的社會對待,而因為自身的外表,她有時會獲得免費贈送的商品,甚至在違規臨檢時也容易被放行；反差極大的另一個現實是，她提及弱勢種族族群在美國社會中遭受的差別對待：「在去年十四萬個被攔截搜查的年輕人中八十六%是黑人和拉丁裔人，而絕大部分都是年輕男子，其實紐約只有十七萬七千名年輕黑人和拉丁裔男子，所以對他們而言，並不是『我會否被攔截？』而是『我究竟會被攔截多少次？何時會輪到我？』」[5]某種程度上我們可以說，這些數字顯現的是種族不平等的一個特質，相較於其他的不平等，顯現在外表的種族差異似乎更容易導致差別對待。人們天生傾向區分「我族」與「他者」，區分過程中自然導致各種「差別對待」。

此處我們必須先釐清的是：追尋平等絕不等同於追求「齊頭式平等」。平等關懷的核心在於「公平」（fairness），有時候所謂的公平對待正存在於「平等者平等待之，不平等者不平等待之」。並非所有的不平等待遇都是不公平的，就好像考試的分數不會全班一致（分數的分配若是一致恐怕才會引起義憤），然而這個「不平等對待」（不同分數）

的依據與理由是正當的（考試表現不一）。因此，在種族不平等的爭議中，問題在於依據種族所為的不平等待遇是一個「不正當」的依據與理由，然而在「平等關懷與尊重」似乎已形成共識的時代，這樣的不平等是否仍然存在？如果要回答這個問題，緊接著的疑問便是：我們如何辨認生活中可能存在的深層、看不見的種族不平等？

◆五張壓迫的臉孔[6]

艾莉絲．楊為區分與辨認這樣的不平等提供了一些概念工具，她認為這樣的種族不平等本身是社會不正義（social injustice）的顯現，也是某種壓迫（oppression）的表現。對於種族的社會壓迫，表現在五個面向當中：首先是「剝削」（exploitation），我們熟知的剝削概念來自馬克思（Karl Marx, 1818-1883）主張的：勞動階級每日工作所產出的價值當中，有一部分被資本家以不正當的手段奪走，因此可以說勞動階級被資本家

「剝削」了。馬克思觀察到十九世紀工業革命後的英國社會充滿了不正義：一方面，這樣的剝削使得勞動階級無論如何沒日沒夜地工作仍然貧無立錐之地；而另一方面，資本家卻富可敵國，在馬克思寫作《資本論》（*Capital: Critique of Political Economy*）的一八〇〇年代，工人的生活非常悲慘，在工廠裡，即便婦女與兒童都要工作超過十四個小時，童工一整天也只能休息二十分鐘。由於過度勞累使得注意力分散而遭致機器截肢的慘劇比比皆是，城市裡因為高度工業發展造成環境品質低落，沒有乾淨用水，空氣被濃煙汙染，傳染病不時發生。在這樣的環境下，被剝削的事實導致了勞動階級的「異化」狀態。「異化」指的是工人與生產活動本身分離。工作或勞動原本是實現本性的自然方式，但在資本主義生產方式中，勞動一點也不快樂，一點也沒有實現工人們的本性，甚至不是自願的，工作並不帶給人滿足感，因為這種勞動由外在環境強制，因此「只要肉體的強制或其他強制一停止，人們就會像逃避鼠疫一樣逃避勞動」。（紀登斯，《資本主義與現代社會理論》，頁三八）[7]

然而艾莉絲・楊更深入地指出：剝削的事實不僅僅導致分配結果上的不正義，還導致某種主流團體與弱勢族群之間的結構不公平。換句話說，勞動者因為沒有足夠的籌碼與資本家協商談判，因此只好順服於資本家的種種不合理要求，甚至與資本家站在一起，某些團體甚至被排除在決策程序之外，對於關乎自身事務的話語權被剝奪，換言之，弱勢團體經常被「邊緣化」（marginalization）。就如同近年來開始浮上檯面的移工權利訴求，長期在臺灣社會受到制度不公平待遇的外來勞工，對於適用在他們身上的法規卻沒有置喙餘地，因為他們不具有臺灣「公民」身分。然而對這一批人而言，他們身為「住民」[8]，處處受到當地法規的限制，卻只能被動接受不公平的勞動條件，「只要生活在臺灣這塊土地，這個政策與他相關，他就應該有權利對政策發聲」[9]。以政治思想的語彙而言，移工的處境是一種如同奴隸「依賴」（dependence）奴隸主的處境。「依賴」的概念相對於「獨立」（independence），獨立性彰顯的是一種自我作主的自由，當個人失去了獨立性，前途與命運僅能由另一人——或另一團體，或甚至是社會中的多數人——主宰或決定的時候，個人便失去了自由，不復為自由道德的主體，甚至可以說連個人的尊嚴也被否定。

艾莉絲．楊指出，這樣的邊緣化的現象不僅可能帶來物質層面的剝奪——例如目前的移工制度對待移工的種種不公平，導致許多移工再三受到仲介的剝削——也會加深這些被邊緣化的團體的「無力感」（powerlessness）。這種無力感，可以在許多職場上低階藍領勞工對高階白領勞工的態度中察覺，低階藍領勞工不但薪資較低，在面對高階經理人等白領勞工時也較缺乏權威與自信，在職場中便形成了命令者與被命令者兩個團體，進而導致「文化帝國主義」（Cultural Imperialism）[10]。艾莉絲．楊界定文化帝國主義為某種「牽涉到優勢團體普遍化其經驗與文化，且建立某種規範，使得某些團體能夠在社會中掌握權勢與溝通的主要管道，結果導致在社會中，優勢文化的產物能夠呈現這些優勢團體的經驗與價值，目的與成就」（《正義與差異政治》，頁五九），換言之，也就是在一個社會中，主要的話語權與詮釋權力被優勢團體掌控，以移工而言，他們不但在政治上沒有參與權利，文化上也處於被支配狀態。

所謂「文化上被支配」，指的是有某些種族的文化變成了「看不見的文化」，沒有受到主流團體的尊重。例如臺灣社會早至十年前就有許多越南新娘，然而一直到近年，政府才開始意識到越南語與越南文化需要藉由政策與媒體來傳遞才能持續。除了文化特色不被尊重外，「刻板印象」也是弱勢文化被強勢文化支配的一個徵兆，艾莉絲．楊生動且諷刺地指出刻板印象之普遍流行以及被忽略的程度，她說：「這些刻板印象在社會中滲透得如此之深，以至於人們不會注意到它們是可議的，就好像每個人都知道地球繞著太陽旋轉一樣，每個人也都知道男同志都濫交，印地安人都是酒鬼，女人都很擅長帶小孩一樣。」（《正義與差異政治》，頁一一九）就像在西方社會中，作為優勢團體的白人男性逃脫了被標上刻板印象的命運，反觀臺灣社會，主流團體的漢人族群似乎也有標籤化與刻板印象化其他族群的傾向。就像許多人認為客家人勤勞節儉、原住民愛喝酒唱歌一樣，不知不覺當中，臺灣社會中的種族團體也被一一標記，而遭受到文化上的支配。

最後一個壓迫所呈現的面貌是「暴力」（violence）。也許有人質疑：儘管移工制度尚有許多改善空間，但臺灣民間社會對待外來族群是一貫保持友善態度的，某些外來族群成員在臺灣社會中遭受到的虐待只是稀少的「意外」；然而根據國際勞工協會的長期關注與統計數據，外籍移工遭受到的人身自由剝奪以及暴力行為，被新聞揭露的僅是冰山一角。這樣的暴力現象，其可怕之處不僅是暴力事件的驚人數字，對艾莉絲・楊而言，更重要的是，這種暴力現象的本質是「系統性的暴力」，是社會結構本身讓這些暴力頻繁地出現。例如某些團體的成員特別容易受到暴力對待，而社會中的優勢團體卻對這種現象習以為常，艾莉絲・楊指出，在美國一九八〇年代黑人所遭受的大量暴力毆打傷害事件中，許多均涉及執勤中的警員，然而這些事件中的警員後來都獲得釋放。這說明了社會特別放任某些弱勢群體成員遭受暴力，這種放任使得暴力事件一再發生，也使得行使暴行的凶手更加覺得自己擁有施暴的權利。

因此，當我們回到本章最開頭的疑問——為什麼還要探討種族平等議題？——時，艾莉絲·楊指出的五種壓迫的面貌，似乎正是最好的解答，唯有消除壓迫，種族之間的平等才能真正落實。然而，除了種族身分以外，性別更是一個看不見的身分標記，也是下一章所要探討的議題。

問題思考

在進行勞動檢查時，勞工協助僱主假造出勤紀錄等，並與之站在同一陣線，為僱主說話，此情況時有所聞，這是為什麼？這是屬於哪一種壓迫面貌的呈現呢？

第八章

性別平等

——當女王的滋味很美好，不過國王比較好當？[1]

一個沒看見玻璃窗片的人本身並不知道他忽略了什麼。

——艾莉絲．楊❷

◆傳統的性別差異與社會角色變遷

性別的不平等，可以從貧窮的「女性化」現象說起。根據二〇〇九年主計處的統計資料，我國由小學至大專院校女性在學率為九十六．四%，略高於男性的九十四．二%，然而申請就學貸款的女學生明顯多於男學生；在人力資源方面，女性的勞動率快速成長二〇〇九年已達到四十九．五%（未婚），但是一旦進入婚姻，男性的勞動率快速往上升，女性則轉折下降；除此之外，民國一〇〇年女性聲請拋棄繼承遺產的比例為六十三．三%，遠遠高於男性的三十六．七%，申報遺產稅的繼承人中，女性繼承人僅占三十四．一%，男性占六十五．九%，幾乎是女性的兩倍，這些數據顯示的是：有遺產者以男性居多。更重要的是，這些數字告訴我們：兩性之間仍然存在著某種不平等。問題在於，不平等的根源存在於何處？

行政院性別平等委員會二〇一六年的報告顯示：自我國二〇〇七年加入「消除對婦女一切形式歧視公約」（CEDAW）以後，政府已經在追求性別平等的目標上，做出了顯著的努力，不僅修正了《家庭暴力防治法》，擴大了受保護對象的範圍，也強化女性生產方面的國家救濟管道；此外我國《民法》中對性別平等的重視與改善也顯而易見——傳統民法中男尊女卑思想已修正許多，往昔規定「妻從夫居」、「妻冠夫姓」以及婚後財產均歸夫所有，離婚時對女性權益保障也多欠缺，例如子女監護權歸夫、父母行使親權時以夫優先等等——當前的法律則以性別平等為目標，大幅修改《民法　親屬編》的規定——妻不再從夫居，居所由夫妻雙方約定，如約定不成則由法院裁定；離婚時，子女監護權不再歸夫，而是以子女利益為依歸等[3]——然而性別平等這個「普世價值」是否已經徹底落實？判斷性別平等實踐的程度涉及許多問題，首先，性別平等指涉的究竟是兩性享有「相同待遇」，或是「差別（優惠）待遇」？優惠某一性別的同時，是否會有「逆向歧視」的可能？最核心的問題也許在於：男女兩性之間究竟是「同」或「異」？

關於這些疑問，美國二十世紀下半葉女權運動的發展歷程或許是一個適切的例子。一九七二年婦女運動爭取加入性別平權修正案（Equal Rights Amendment, ERA），「里德訴里德案」（1971 Reed v. Reed）宣告愛荷華州規定遺產管理由男性優先的法律違憲。然而當時有些婦權運動人士反對提供女性優惠待遇，因為「優惠待遇」本身似乎就代表某種「不平等對待」。在一九七六年關於雇主與雇員傷病保險的著名案例「通用電器公司對吉爾柏特案」（General Electric Company v. Gilbert）中，法院認為：雇主若將與懷孕相關的健康狀況排除於原本雇員可享有的失能給付計畫之外，也就是不將因懷孕相關傷病列入失能給付範圍之中並不是性別歧視，因為「懷孕本身」與「性別因素」無關，而將懷孕看成個人選擇的結果，因此依據懷孕因素所做出的差別待遇便不違反性別平等。這樣的結論自然引起各方面的反彈聲浪，有大法官在不同意見書當中表示，懷孕應當視為男女兩性最明顯的差異之一，因此應當屬於性別因素，根據性別因素所做出的差別待遇便是性別歧視。

然而，男女兩性究竟是「相同」還是「不同」？生理差異到什麼程度才是「異」？關於這個問題，第一個會提到的應該就是懷孕與生產方面的性別差異。然而在其他的例子當中，差異則似乎沒有這麼明顯。以過去有陣子網友在「公共政策網路參與平臺」[4]上倡議女性也應當履行兵役義務的事件為例，該提案認為《兵役法》中僅規定男性當兵是某種性別不平等，國民義務不應當因為性別而有差別對待，因此女性也應該當兵。

這個提案引起了許多討論，值得注意的部分在於：如果女性因「生理差異」而無法履行兵役義務，那麼「哪些差異」才是與制度差別對待相關的差異？這些差異之中如何劃出界線？一方面，女性在體力上似乎確實無法與男性匹敵，因此在運動賽事中會分男女組別；但另一方面，不能否認也存在著身強力壯的女性與體力並不出色的男性。許多人針對兵役制度與西方作比較，如以色列就是舉國皆兵不分男女；實際上我國也存在女性志願役制度，這是否表示就服兵役所需的能力而言，男女之間並沒有實質的性別差異？或者這只是表示：從「相同」或「相異」的角度來檢視平等與否，本身可能畫錯了重點。也就是說，男性與女性的相同或相異處本身不應該成為性別平等的重點，重點應當在於：兩性之中，是否有人在現存的制度或遊戲規則當中遭受壓迫，性別平等應著重在制定規則與參與話語權方面的平等。

一個相關的案例「普萊斯．瓦特豪斯對霍普金斯案」（Price Waterhouse v. Hopkins）極有啟發性。安．霍普金斯（Ann Hopkins）在會計事務所中表現出色，然而她申請成為合夥人卻遭到拒絕，安於是控告該會計事務所有性別歧視的嫌疑。該事務所否認，並解釋拒絕的原因在於其他同事認為安「個性太強硬，具侵略性又很難相處」❺，換句話說，在這個個案中，安．霍普金斯看似面臨一個兩難——一方面，為了在職場上表現良好，她個性強勢並果決，即「像個男人」；另一方面，她又因此無法獲得同事們的認同，因為安「不像個女人」——然而，倘若我們深思這個「兩難」處境，著名的女性主義學者麥金儂（Catharine MacKinnon, 1946-）認為：重點不在於如何解決這個看似互斥的兩個標準（事業成功的標準是表現得像男性，被職場同事認同接受的標準是行為似女性），問題在於這兩個互斥的標準實際上都是由男性設下的「男性標準」。作為女性的當事者，在這個既存標準與規則面前陷入了進退維谷的處境，但原因並不在於她的表現是否與男性同事「相同」或「不同」，而在於這個規則的制定過程中女性並沒有話語權，換言之，女性雇員在這個制度下遭受壓迫。

◆積極平權[6]或逆向歧視？

面對原已遭受不平等的女性職場處境，很直覺的反應是在法規上給予特別保障，例如單身條款、禁孕條款在臺灣各行業中曾經相當普遍，認為女性雇員一旦結婚或懷孕便會增加雇主的成本，因此產生了這類的歧視條款。目前我國的《性別工作平等法》[7]保障女性的工作權，不僅限制前述的單身、禁孕條款，也增加協助女性育兒的相關規定，包括生理假、產假、流產假與育嬰假等，某種程度來說，這類法規似乎大幅減輕了因男性與女性之間的重大生理相異處所導致的職場負擔，然而政策上追求平等的舉措也引起一些雇主的抗議。讓我們思考以下這個事件：二〇一七年有一名懷孕媽媽在「新竹爆料公社」中指出被面試的上司在LINE訊息上口出惡言[8]，引來網路上一片批評聲浪。但值得注意的後續發展是，在著名的ＢＢＳ站批踢踢實業坊上，有類似經驗的網友從不同角度提出了反思，貼文者自稱「奉行勞基法的覺青所轉職的魯蛇慣老闆」[9]，在面試雇員時遇上一個孕婦，因為該雇員在面試時承諾可以負擔一般勞力工作，但在正式上工以後不僅經常請假，產前請假安胎，產後亦請育嬰假，因為法規緣故，老闆不能以懷孕因素在薪水待遇上差別待遇，否則屬於性別歧視，然而該雇員在六個月育嬰補助後，便以必須照顧家中嬰孩之故而辭職，貼文者的結論是：因為該雇員經常請假，所以老闆必須經常額外支出加班費以補充人手，一年下來粗估約損失十幾萬人事費用，對中小企業而言造成很大的負擔，換言之，政府追求性別平等的法規似乎導致了某些人的額外負擔。性別平等的提倡者應當如何回應這類事件呢？

值得注意的是，這樣一個事件在網路上引出了另一種對追求性別平等的批評，亦即認為：女性經常聲稱「男女平等」，應享受平等待遇，但唯有在對己有利的情況下才會強調女性與男性之不同（尤其關於女性懷孕或育兒方面），因此被批為「女權自助餐」，認為支持女權的人隨心所欲挑選他們所欲享受之優惠，如同在自助餐店挑選自己喜歡的菜色一樣。換句話說，號稱支持性別平等的「女權主義者們」，支持的只是對女性的特別優惠待遇，並非真心挑戰當前存在的不平等父權制度與文化。

這樣的批評衍生出另一個名詞「父權紅利」，意思是雖然女性在傳統父權文化下受到重重限制，並被要求符合父權眼光中「溫柔順從賢慧小女人」的形象；然而從另一方面來說，男性在這個對應的「堅強果斷大男人」形象之下，也承受不遑多讓的枷鎖與限制。例如這個父權社會雖然重男輕女，然而通常也要求男性負起養家的責任，因此成年男性若是無法買車買房，擁有一定經濟資本，便會受到女性的輕視，被認為是失敗者；又因為男性被視為經濟上主要行為者，在男女生約會階段時，不論兩人經濟狀況孰優孰劣，均認為應當由男生付錢，否則便是不夠「紳士」；同時男性也被要求不能輕易表露情感，不能「如女性般」示弱。主張女性獨享「父權紅利」的人批評：相對於被層層要求的男性，女性在父權文化中享有許多優待與權利，然而在號稱追求兩性平等的當代社會中，女性似乎只想取消傳統父權社會的義務與負擔，卻仍然要求保有傳統父權下享有的權利與優待，這樣的訴求對於被認為是優勢性別的男性是不公平的。

上述的批評是否合理？我們可以發現，儘管法規與日俱進，所謂追求性別平等的社會仍充斥平等假象——如女性參政比例偏低、婚後女性從職場消失等——更值得注意的是，前述這些男性所遭受的壓迫與不公平——所謂的提供父權紅利、女權自助餐——事實上也是來自於結構的壓迫。換句話說，正因為同一個壓迫女性的結構存在著不平等的規則，男性也遭受到相應的壓迫與不公。

◆多元性別：性別認同不只「兩性」

最後，性別平等所包含的自然不僅僅是兩種「性別」，而應該納入多元的「性別認同」。性別認同在不同層面上為個人帶來不平等，首先，就分配資源的層面而言，即便是高所得、高社會經濟地位的族群也可能遭受性別不平等。例如二〇一一年出櫃的蘋果公司總裁庫克（Tim Cook, 1960-），擁有高收入與高社會地位的他，也承認因為性向與自我認同承受了相當的社會壓力。庫克在聲明中表示：「我從未否認過我的性取向，但我也從未公開承認過，直至現在。現在讓我清楚地表達自己的立場：我很自豪成為一個同性戀者，我認為，成為一名同性戀者是上帝賜予我的最偉大的禮物。」在對同志較亞洲國家相對友善的美國社會，作為白人高收入男性主流族群，庫克仍得到了成年後方才公開承認性向。

我們可以說，相較於異性戀主流族群，同志族群因身分認同而承擔的社會壓力遠遠超過優勢的族群與團體。例如在大眾媒體與教育素材當中，經常不見同志的身影；或是在日常生活的人際互動中亦不被主流團體重視，有時甚至在性別認同方面被貼上負面標籤，例如強調同志族群與愛滋病的連結，便是經常被運用以汙名化該族群的方式之一。

二〇〇四年西維吉尼亞州發生的個案，便是一個明顯警惕。二〇〇四年六月，西維吉尼亞州某居民格林，在公路上駕駛時突然心臟病發作，同車的還有一個朋友比利，格林被送往醫院搶救仍無效去世，事件發生後，家屬透過美國民權聯盟起訴該鎮的警察局長鮑曼，認為當格林心臟病發以後，趕到現場的警察局長看見比利正在為格林做心肺復甦，便告知比利格林有愛滋病，並命令他停止繼續做心肺復甦，也以同樣理由阻止後來趕到的醫護人員進行救護。格林的家屬認為，格林遭到這樣的對待僅僅因為整個社區都知道他是同志。[10] 這當然是一個悲劇，然而這個悲劇背後顯現的是人們對於同志族群與愛滋病標籤的不當連結，然而這種「連結」應該如何打破？又應該如何矯治呢？或許這便是制度與結構方面應該著力的重點。[11]

問題思考

1. 有人認為，當女性追求平等時，應當被給予和男性完全相同的待遇，然而，為了矯正過去的不平等，也有人主張應當給予優惠待遇。究竟性別平等應該給予的是平等對待，還是不平等但更優惠的待遇？
2. 談論性別平等時，人們總認為是在批評男性，而忘了男性也可能因結構與制度的不平等而遭受男性刻板印象導致的額外負擔。試著想想身邊有什麼例子？

第九章

多元文化與差異

——區別的平等

黑人是美麗的，棕色人種（印度裔）是美麗的，白人是美麗的。

——奧比．薩克思，《溫柔的復仇》❶

◆什麼是多元文化？

我們常常認為自己身在一個「多元的社會」當中，但有時候我們珍視多元性（plurality）作為一種值得追求的價值的同時，也須面對「分歧」（diversity）導致社會對立的事實。不可否認的是，大多數社會並不是高度同質性的團體，「社會」這個名詞底下，個別成員通常具有不同的團體身分，除了前面幾章所處理的種族與性別身分外，文化社群通常也是構成每一個人了解自我、形成自我認同時的重要指標。在本章中，除了探討一些深層的文化不正義，另一個主要的重點在於：一個民主社會如何在形塑共識與共同體情感的同時，又面對多元分歧的社會團體呢？

首先自然的疑問在於，什麼是「團體」？又有哪些「多元文化團體」？一般而言，我們會將「團體」與偶然形成的「組織」和「集聚」區分開來。「組織」指的是自願參與某個團體的成員，「集聚」指的是偶然相似或具有同樣特徵的人的集合，這兩者與具有本身文化訴求，以某種身分或文化認同為核心而形成的「文化團體」不同，而在這一章節中，我們要談的是後者。

學理上將多元文化團體簡略分為六類[2]：首先是所謂的少數民族（minority nations），在此指的是一些原本已經形成相當完整的社會與文化，但在歷史的進程中被合併進更大的政治國家當中的團體。學者金里卡（Will Kymlicka, 1962-）[3]將此類又劃分為兩種次團體，一種是在與主流民族競爭政治權力時落敗的「次國家民族」，例如英國的蘇格蘭人，或近年來積極追求獨立自治的西班牙加泰隆尼亞人；另一種則是原本生於斯長於斯的傳統原住民，例如美洲印第安人與毛利人等。這兩類少數民族在與主流社會碰撞融合的過程中，態度雖各有不同，但某種程度上都是抵制整個政治共同體的國族建構過程，以爭取自己文化的保存。

除此之外，金里卡也探討在西方民主國家中主要的幾種文化團體——諸如移民、奉行分離主義的宗教團體，與不具公民身分的定居者——社會中的主流文化團體對待這些團體的態度儘管有細微不同，共通的問題與疑慮均在於：這些文化團體與主流文化的整合程度界線在哪裡？

金里卡指出一個相當值得注意的事實：在自由主義民主國家的發展歷程中，主流的政治團體多半採行壓迫與整合並行的政策策略，例如在十八與十九世紀，法國就曾禁止在學校裡使用某些地方民族性語言，或甚至在出版品審查當中加以限制；近代較為明顯的例子，如加拿大的英國殖民者剝奪法語區魁北克人的自治權與體制，甚至試圖重新劃分法語區的疆域，以使魁北克人在任何行政區域中都無法取得參政的多數，藉以壓制魁北克人的政治訴求。[4]

加拿大當然並非唯一的例子，此處的另一疑問在於：在區域自治的分離主義壓力之下，主流團體是否有同化政策以外的選項？這是個可能需要另闢篇幅處理的複雜問題。

◆分配的政治與身分的政治

對於類似的議題，前面幾章探討資源分配的分配正義政治觀顯然有所不足。社會資源的分配當然能解決一定的生活困難與自尊心問題，然而除了資源的分配，社會中多元文化團體被邊緣化的現象，似乎還存在其他的問題。首先，最明顯的可能是「身分等級」上的不平等，除了依照資源分配的多少而形成的經濟等級以外，「身分」也可能依照社會聲望的高低而形成等級。

雖然這個世界上如印度般存在著根深柢固種姓制度的社會並不多，

但臺灣社會中是否存在著身分等級的不平等呢？在這個身分層級秩序之下，遭受身分不正義或不認同的程度又是如何呢？

有人認為：身分等級的層級秩序不平等只不過是一種假象，附屬於經濟分配的不平等上；換句話說，所謂的身分的不平等，其實不過是來自於經濟實力的差距，經濟的地位化約為其他層面的不正義。依照這樣的邏輯，解決資源分配的不正義，才是解決身分與文化待遇不正義的根源。然而在某些社會層面上，我們確實可見社會經濟資源充裕卻遭受身分與文化歧視的族群，例如享有高社會經濟地位的同性戀者，或是企業中出任經理職位的非裔美國人，抑或是在美國社會中的亞洲人與猶太人等等。

在臺灣，最明顯的族群問題首先是原住民的訴求。直到筆者落筆的此刻（二〇一七年），原民藝術家與導演馬躍・比吼（Mayaw Biho, 1969-）為了蔡政府在今年初將原民傳統領域由一百八十萬公頃縮減為八十萬公頃的議題，已經分別在凱道與二二八公園露宿抗議超過三個月，試圖傳達保留原民生活空間之訴求；除此之外，馬躍·比吼也認為臺北市雖然沒有傳統領域的問題，但應該也要留出原住民自治區域，讓原住民能夠在城市當中結合空間與自己的文化。❺除了維持原有領地的議題外，原住民族群同時也面臨與主流族群之間文化整合與維持其文化獨特性的問題。在許多原住民村落的學校牆壁上，仍書寫著「我們是一家人」，但對於原住民而言，無論是學校教育、社會價值觀、文化政策各方面，原住民文化的獨特性似乎都沒有獲得特別的重視。雖然原住民新聞臺與原民文化似乎受到政府的資源補助，然而以社會價值觀而言，被同化的隱憂仍然存在，主流族群對於原民生活的印象也停留在淺薄的節慶活動，如豐年祭、小米酒等等。這些都說明了原住民的文化獨特性，與主流漢人民族之間的緊張關係仍然沒有得到適當的處理。

除此之外，臺灣本土社會面臨的更明顯議題，應該是即將達到人口三分之一的臺灣新住民與第二代的文化衝擊。數日前的一封投書揭示了這個議題的沉重：一個母親為廣東裔柬埔寨人的年輕人，投書指出她在日常生活當中所要面對的，針對文化與身分認同的不友善。這篇震撼人心的投書，以一個假設的問句開啟：「如果臺灣是一個擁抱多元文化的社會，我可以用稀鬆平常的語氣，告訴大家我媽是廣東裔的柬埔寨人。我會在出生之後就打上耳洞，戴上媽媽精心為我挑選的耳環。在家裡跟外面，我會和媽媽用流利的廣東話和柬埔寨語交談，而大家的反應就會像聽見街邊的阿伯阿嬤說臺語一樣自然。」[6] 這篇投書凸顯了主流族群與弱勢族群的問題之一即在於，弱勢族群在社會互動模式當中遭受壓迫，連使用自己的母語都遭受主流族群的異樣眼光，換句話說，弱勢族群的文化空間受到擠壓。我們經常說「臺灣最美麗的風景是人」，但在臺灣各文化族群間，美麗的風景似乎還欠缺了什麼。這裡所關注的並不是資源的分配不公——或至少不僅僅是資源的問題——而毋寧是日常生活中的文化或身分不正義的對待方式。

具體而言，文化不正義包括了日常生活中的忽略、不往來、文化的支配與汙名化，我們可以在同志族群與社會主流團體的互動中找到一些例子。在國民教育教材當中，性別多元相關的部分頻頻受到某些社會團體的抨擊，認為與同志相關的性別認同教育不應該出現在學童的義務教育當中，這個訴求某種程度上認為多元性別認同與同志教育會影響孩童的身心，而主張不應當成為學童認識性別教育中的一環。某種意義上，這是對同志族群性別認同的一種貶低與「不承認」，認為弱勢族群的性別認同並不是義務教育中值得學習並接觸的教材。文化支配則表現在異性戀價值觀的主流地位，當異性戀的價值觀作為一個評判何者適合孩童教育的標準時，同志或跨性別族群的性別認同自然就顯得是「非主流」、甚至是「不正常」，不應當出現在主流義務教育當中。這些被「避而不談」的族群因此在教育體制與課程設計當中被「隱形」了，隱形與避而不談的結果之一，就是人們經常在社會中「看不見」這些族群的身影；既然看不見，就更談不上矯正與重視這些文化族群所遭受的文化不正義的對待了。

除了文化認同的弱勢族群，社會中經常被邊緣化與遭受忽略的團體，還包含以年紀與性別區分的族群。近年來臺灣社會出現了一個由兩個女生組成的團體名為「肉彈甜心」，正是要以自身遭遇提醒社會大眾：在自以為平等的臺灣社會中，主流團體多麼容易忽略某些少數族群的需求。

該團體成員之一的Amy受訪時談起成立這個團體的契機，是她看到電視上的一則新聞，講述某社區監視攝影機拍到一個「身材壯碩的女子」在某戶人家外面行蹤可疑，地方員警便上前盤問，該女子回答是該戶人家主人的小三，警察心生疑惑，覺得「該女子身材矮胖不太像小三」，因此進一步確認其身分，發現其為竊賊而將之逮捕。[7]「為什麼某種人就必須是某種樣子？」這是Amy的疑問。社會主流價值觀是高瘦纖細的體型，因此認定身材與此標準不同的女性「必然」不受歡迎，甚至嘲諷地認定與體型肥胖的女性交往「必然是真愛」。在日常往來互動中，這個族群遭受貶低與不尊重，甚至在環境制度中也受到忽略，Amy便指出，從小到大教室的課桌椅或甚至火車或飛機上的座椅，都是設計給某種體型的人使用[8]，這樣的社會表面上看起來沒有刻意歧視任何團體，是立意良善且無心為惡的，然而在文化的不正義裡，不公不義經常便發生在這樣的無心日常之中。

◆文化正義：溫柔的復仇

這一章的最後，我想以南非憲法法院前大法官奧比．薩克思的故事作結。奧比．薩克思於二〇一五年來臺領取唐獎所頒發給他的法治獎，這個獎來自於他多年來在南非種族隔離的白人政府下英勇對抗暴政的事蹟。

一九五三年生於南非的奧比．薩克思是猶太移民後裔，對於當時白人政府所推動極度不正義的種族隔離政策（Apartheid）非常不滿，在讀大學的時候，就曾以故意選坐「限黑人」的座位的方式挑戰不公正的制度；後來在南非政府的汽車炸彈攻擊中，甚至失去了右手與一隻眼睛。

在遭受如此災難後，薩克思經歷了痛苦的復元歷程，在其出版的自敘中詳細描述了他所經受的痛苦。然而驚人的是，在南非不義的白人政府被推翻後，成為第一任南非憲法法院大法官的奧比．薩克思，在種族不正義的補償與尋求正義的態度上卻充滿包容。一次同志遊行的演說上，奧比．薩克思感性地發表了一段演說，或許可以作為此處探討文化平等的小結：

> 親愛的朋友……今天遊行的終點是這個公園，對我來說這裡具有特殊的意義，當我還是個小孩子的時候，我常常在這裡玩，這裡很美，有草地，有樹木，還可以看到桌山。之後這裡豎起了「僅限白人」的牌子——現在沒有了，但這實在是非常可恥，我們告訴人們：因為你是你，所以你不能夠在這裡遛狗，不能推嬰兒車來這裡，在這裡玩網球，或是坐在長椅上讀書，不過其實還有其他記號——看不到的記號，但一樣是用暴力強加的。如果吸引你的人，或

你愛的人剛好和你同性別，你也會被禁止進來這裡，這個美麗的地方不歡迎你，除非你假裝成另外一個人……而我們想要的國家，是我們每個人都可以平等生活的國家——不論語言、歷史、喜好、信仰和出身。我們有權和別人不一樣，包括生活方式和個人的選擇，我們也有權利可以一樣，不論是尊嚴或是公民權。（《溫柔的復仇》，頁二七四）

問題思考

人類社會中自然會產生不同的族群與團體，團體之間必定存在著優勢與劣勢，應該如何透過政府後天的作為彌補呢？

有人認為團體間的多接觸能夠增加了解，也有人認為多接觸僅會造成更多的對立和衝突，你／妳覺得呢？

第十章

平等或效益

——平等有內在價值嗎？

貫穿這本小書的，是一個對平等價值的肯認與追求。從最開頭的提問：為何平等對人們而言如此重要？本書一路回溯至近代的平等浪潮，這股追求平等的風潮導致民主政治的興起，也導致了對政治平等的各種討論。

追根究柢，平等的根源在於人性具有的某種特別性質——亦即人性尊嚴。然而，這個高度抽象的概念從何而來？我在第二章裡以康德所談的人性尊嚴概念為例，試圖以實際社會層面、法律層面所實踐的尊嚴觀，將這個概念具象化。人性尊嚴的實踐對於政治權威而言是一個誡命，如同德沃金所提出的理想：最終要達致某種「平等關懷與尊重」，然而這並非個人可以達成的目標，而須透過某些制度的中介方能實現，因此在第三章中我探討了民主政治與平等的關聯。民主與平等的關聯可能是必然的（例如社會平等的風氣導致民主政治的需求），但也需要依賴某些制度的設計才能維持（例如繼承法規）；同時民主也有其弊病，例如多數人的決定有可能侵犯或不尊重少數族群，形成多數暴政與冷漠疏離的個人主義等等，這些流弊有賴於強度更高、更徹底的公民參與來解決。然而公民參與所追求的平等話語權，又須仰賴一定程度社會與經濟資源的平等方能有效實踐。

在貧富差距儼然是當前世代最熱門話題之時，在探討分配正義的書籍文章汗牛充棟之時，減低貧富差距似乎是各個世代，甚或各個社會之間少有的共識之一。因此在第四章中探討的是一個比「如何分配？」更優先且基本的問題：「政府的重分配本身是否有正當性？」畢竟富人的財產權利也是權利，任何權利的限制似乎都需要正當理由，二十世紀下半葉不同陣營的學者們分別針對這個問題的不同面相提出了著名的解答，而在本書第五章中，更進一步探討哲學家諾齊克認為「自由市場本身是正義的」論點，以及經濟學家們所認為政府掌握干涉市場權力具有侵犯公民自由的危險性，並在第六章探討羅爾斯所主張的平等的正義原則。

無論是那一種回應，都有其自身的論點與合理性。當然，相關的討論太複雜，不是這本小書所能含括的。

在追求平等的道路上，分配正義只是其中的一部分。在被稱為「分配正義典範」的這些討論中，逐漸出現了新的質疑之聲，那就是經濟資源的分配，是否能包含所有追求社會正義的面向？除了資源的分配，人們在性別、種族與文化等不同社會層面，也有遭受不正義之可能。這類的不正義經常來自於人與人之間往來互動的模式，弱勢團體在傳統的互動模式中承受了不被看見、忽略甚或壓迫的不公義，因此我們在本書第七章探討了種族議題，第八章探討了性別現象，第九章則探討文化多元的現實。

在最後的章節，我想回到整個關於平等的論述所賴以建立的前提或預設之上——那就是平等本身好似是一個無需討論的價值，平等本身似乎就是好的、可欲（desirable）之物，所以在追求這個價值的時候，無須對這個目標加以質疑或反思。然而，這是真確的嗎？我們追求平等究竟是因為「平等本身」，或是因為「平等所帶來的好處」？

有的學者便主張，追求平等通常是為了平等帶來的某些益處，比如在不平等的待遇下遭受較糟糕待遇的人會感到不受尊重，而這種不受尊重的感覺又可能導致怨恨或不滿，因而扭曲社會之中的人際關係。值得注意的是，如果是因為這樣的理由而追求平等，這並不必然是因為平等本身具有內在價值，而主要是著眼於平等所能帶來的效益。換句話說，對人類生活而言，重要的並非平等，而是這些後續的好處或效果。我們甚至可以說，在考慮平等的時候，大部分的人都會摻雜不同的考慮，哲學家帕菲特（Derek Parfit, 1942-2017）❶舉了一個例子用以說明這些考量的細微差異。他假設有三種資源分配的方式：

（1）每個人擁有一百五十單位資源。

（2）一半的人擁有一百九十九個單位資源，另一半人擁有兩百單位資源。

（3）一半人擁有一〇一個單位，另一半人擁有兩百單位。

對於一個純粹追求平等本身的平等主義者而言，（1）是三個選項之中最好的，因為這樣的分配最平等，儘管以總量而言這樣的分配並不是最有利的；對於一個純粹向效益看齊的效益主義者，選項（1）則是最差的分配方式，因為其他兩個選項所包含的效益都比較高；而對於一個既考慮平等也將效益納入考量的人而言（大多數人），選項（2）比選項（1）來得好，因為總效益較高，但選項（1）又比選項（3）好，因為選項（3）太過不平等，所以綜合平等與效益的指標來看應該傾向選項（2）。❷

這個假設的選題告訴我們的可能是，在日常生活中，大部分人追求平等的考量都是複雜且多面向的，幾乎很少或並非必然是為了追求「平等本身」而追求平等。那麼，回到第一章開端的問題：為何人們如此著迷於追求平等呢？

另一個可能的答案是，人類在種族上確實擁有某些共通之處，因此

「實際上是平等的」，因此在社會當中致力於平等的追求乃符合人類的自然本性。希臘時期大哲學家亞里斯多德曾認為人具有理性言說的能力，與蜜蜂螞蟻不同，因此能夠發展出城邦政治，也因為理性言說能力是人類所獨有，人類應當努力將其充分發揮，以成就人之所以為人的潛能；然而亞里斯多德的平等觀實際上排除了女性與奴隸，也排除了許多非雅典城邦的外邦人。我們可以說，亞里斯多德的平等觀即便說明了人類的平等，但其平等範圍卻相當有限。在中世紀漫長的基督教歷史當中，人類承繼自亞當夏娃的罪性成為某種消極的平等，亦即凡人在上帝之前都是有罪性的存在，在這個意義上人人平等。除此之外，十七世紀的政治哲學家霍布斯曾經主張，人與人看似在智商、體力各方面均不相同，但其實在生命的脆弱性、容易遭受暴力死亡的這一點上，人人共享同樣的命運，也就是恐懼暴死的特質。因此儘管外型性格迥異，人類社會仍能建立在這個相同的基礎上，因為沒有任一強者能夠逃避遭受弱者聯合或密謀下的攻擊。

無論平等是一個可欲的應然價值，或是人類真實本性的顯現，這本小書希望呈現的不僅僅是一個平等概念的簡史，更希望能夠對與平等相關的人類社會價值，提供批判與反思的素材。

注釋

第一章

❶ We hold these truths to be self-evident, that all men are created equal, that they are endowed by their Creator with certain unalienable Rights, that among these are Life, Liberty and the pursuit of Happiness.

❷ All human beings are born free and equal in dignity and rights.

第二章

❶ 相關報導請見：http://www.bbc.co.uk/oxford/content/articles/2009/03/26/cutteslowe_feature.shtml。

❷ 柏拉圖將「政治」與「統治」視為一種專門的技術（又稱技藝），就像是鞋匠有修鞋的技術，醫生有治病的專業，他認為一個稱職的政治家也應該具有關於統治的專業知識。

❸ 參見史克魯頓（Roger Scruton）著，劉華文譯，《康德》（*Kant: a very short introduction*），臺北：臺灣商務印書館，二〇一六。

❹ 盧梭是十八世紀的哲學家、音樂家與文學家。盧梭以文字優美撼動人心著名，據說康德曾如此評論：「當閱讀盧梭時，必須等到那優美的表達不再煽動我時，我才能理性地檢視它。」

❺ 德沃金著，魯楠、王淇譯，《民主是可能的嗎？新型政治辯論的諸原則》（*Is*

Democracy possible here?），北京：北京大學出版社，二〇一四，頁一三。

第三章

❶《柏拉圖全集》，〈國家篇〉，557C。

❷托克維爾十九世紀初生於巴黎，當時正是法國大革命後的恐怖整肅時期，父母差點因此丟掉性命。父親艾勒維娶了知名律師馬勒賽爾布的孫女為妻，馬勒賽爾布認識盧梭，在大革命時期為法王路易十六辯護，因而上了斷頭臺，妹妹、女兒、女婿也隨之送命。托克維爾家是保皇派，也是貴族，但托克維爾對濫用特權的貴族大加批判，認為貴族有其社會責任。他念完法律專業以後，透過父親介紹，到凡爾賽法院當無給職實習文官，擔任書記官工作，負責進行調查或偶爾代理法官出庭。每年法庭開議時，會由實習文官找一個議題發表演說，托克維爾以「決鬥」為題指出，只要社會風俗還支持決鬥，社會價值觀還是認為個人榮耀比殺人所受到的刑罰來得重要，那麼法律就不可能成功禁絕決鬥行為，必須要先改造人，法律才能順利執行。

❸托克維爾著，秦修明、湯新楣、李宜培等譯，《民主在美國》（*Democracy in America*），臺北：貓頭鷹出版社，二〇〇〇，頁五。

❹資料來源：〈賴清德的言論爭議不在統計數據，而是複製了愛滋與同志的污名鎖鍊〉https://www.thenewslens.com/article/79659。

❺二〇一五年於八仙樂園游泳池所舉辦的彩色派對活動，因所使用的粉塵著火引發爆炸造成多人死傷的不幸事件。

❻發生於二〇一六年在內湖的隨機殺人事件，兇手王景玉持菜刀攻擊四歲女童，造成一死的悲劇。

第四章

❶ 羅伯特．諾齊克是美國哲學家，哈佛大學教授，當代哲學界的重要人物，對於政治哲學、知識論、決策論有極大貢獻。父親為俄羅斯籍猶太裔企業家，妻子則是美國名詩人。他以自由主義的觀點撰寫《無政府、國家與烏托邦》（*Anarchy, State and Utopia*），反駁同系教授羅爾斯（John Rawls, 1921-2002）的《一種正義理論》（*A Theory of Justice*），他認為只要是透過自願交易所取得的正當財產，即便數額再大都是正義的。

❷ 參考諾齊克著，王建凱譯，《無政府、國家與烏托邦》，臺北：時報出版，二〇一九，頁一七三－一七七。

❸ 亞當．斯密是十八世紀蘇格蘭哲學家與經濟學家，著有《國富論》（*The Wealth of Nations*）。

❹ 喬納森．華夫（Jonathan Wolff, 1959-），《政治哲學緒論》（*An introduction to political philosophy*），香港：牛津大學出版社，二〇〇二，頁一七二。

❺ 傅利曼著，謝宗林譯，《資本主義與自由》（*Capitalism and Freedom*），臺北：五南出版社，二〇一四。

第五章

❶ 海耶克（Friedrich August von Hayek, 1899-1992），英國政治、經濟學家，曾獲諾貝爾經濟學獎，自由市場資本主義大將。被認為是上世紀最具影響力的政治經濟學家，許多人也將現今全球資本主義大獲全勝歸功於他，對社會主義計畫經濟給予當頭棒喝，其經典著作《通往奴役之路》（*The Road to Serfdom*）批判當時流行的凱恩斯學派（Keynesianism），認為計畫經濟只會導向極權專制主義。

❷ 這只是一種簡略的說法，在洛克的論述中，更精確的說應該是：每一個人都是上帝的財產與所有物。然而洛克政治思想的神學脈絡相當複雜，在這本書中不會探討到。

❸ 盧梭主張人權平等，崇尚自然，所以其言論和著作多為控訴社會與文明導致的不平等，其著作《社會契約論》（*Du contrat social ou Principes du droit politique*）中充分展現了支持民主政治的看法，一般認為其理論影響了啟蒙運動與法國大革命。

第六章

❶ 有學者評論認為這並非「仇富」，而應該視為年輕選民對民主多元價值的肯定，參見：吳乃德，http://agorataipei.blogspot.tw/2014/08/blog-post_26.html?m=1

❷ 約翰．羅爾斯是美國當代重量級政治哲學家，哈佛大學教授，出生於優渥的家庭，父親是律師，母親從事社會運動；但他卻從小看遍社會不公，種種的經歷讓他走上學術研究之路，希望能藉此改善不公不義。著有《一種正義理論》，開啟當代分配正義之學術論辯。

❸ 翻譯參考：羅爾斯著，李少軍、杜麗燕、張虹譯，《正義論》，臺北，桂冠出版社，二〇〇三，頁三－四。John Rawls, 1971. *A Theory of Justice*. Cambridge, Massachusetts: The Belknap Press of Harvard University Press, pp. 3-4.

❹ 湯瑪斯．博格，德國學者，出生於一九五三年，為政治哲學領域之權威，也是羅爾斯的學生，身受其學說影響，任教於耶魯大學，開設國際事務、政治學與哲學課程。

❺ 湯瑪斯．博格（湯馬士．柏格）著，顧肅譯，《羅爾斯與正義論》，臺北，五南出版社，二〇一〇，頁四〇。

❻ 這個例子來自邁可．桑德爾（Michael J. Sandel, 1953-）著，樂為良譯，《正義：一場思辨之旅》，臺北：雅言文化，二〇一一，頁九七—九八。

❼ 財信傳媒董事長謝金河今日（二〇一七年九月九日）在臉書上對林全卸任前完成的稅改內容提出看法，表示林全在提出了完整稅改方案的那一刻，同時也請辭獲准，不再擔任政府職務，林全順利請辭與他的稅改方案，讓謝金河盛讚林全「聰明」。原文網址參見：〈謝金河盛讚林全：聰明稅改〉https://newtalk.tw/news/view/2017-09-09/97329。

❽ 哈佛大學新校長遴選相關新聞請見：〈哈佛這樣選新校長：逃離納粹大屠殺的移民之子出線誓言保護「逐夢者」學生受教權〉http://www.storm.mg/article/398819。

第七章

❶ 資料來源：〈哥倫布日byebye！洛杉磯通過以原住民日取代〉https://tw.appledaily.com/new/realtime/20170831/1193995/。

❷ 參考新聞來源：〈警9槍斃移工阮國非遭起訴　檢：逾越用槍比例〉https://tw.appledaily.com/new/realtime/20180123/1284352/。

❸ 艾莉絲．楊，當代最重要的女性主義學者之一，芝加哥大學教授，提出社會正義與壓迫理論，也對溝通民主提出創新觀點。楊不僅在學術理論上有所成就，更積極參與第一線的社會運動，將自身街頭的參與經驗和思考融入論述，其社會運動經驗與學術研究相輔相成，《正義與差異政治》（*Justice and the Politics of Difference*）為其代表作。

❹ 艾莉絲．楊著，陳雅馨譯，《正義與差異政治》，臺北：城邦出版社，二〇一七。Iris Marion Young, *Justice and the Politics of Difference* (Princeton and Oxford: Princeton

University Press, 1990).

❺ 參考影片來源：https://www.ted.com/talks/cameron_russell_looks_aren_t_everything_believe_me_i_m_a_model?language=zh-tw。

❻ Five Faces of Oppression。

❼ 紀登斯（Anthony Giddens, 1938-）著，簡惠美譯，《資本主義與現代社會理論：馬克思，涂爾幹，韋伯》（*Capitalism and Modern Social Theory. An Analysis of the writings of Marx, Durkheim and Max Weber*），臺北：遠流出版社，一九九四。

❽ 意指並非必然有公民身分，但在當地居住、求學或工作的人，甚至包含非法偷渡者。

❾ 出自國際勞工協會陳容柔，〈石虎失家記（4）民間購地護生態打造夢想森林〉，公視新聞議題中心網站：https://pnn.pts.org.tw/project/inpage/1815。

❿ 「文化帝國主義」此處採用的是艾莉絲．楊的定義。該概念本身充滿爭議，有論者甚至認為「幾乎沒有任何精確的定義」，如果就其構成元素來探討的話，此一概念由「文化」與「帝國主義」兩者構成，前者則是某種包山包海的廣泛概念，可以說包含「複雜生活的整體，包含了知識、信仰、藝術、法律、風俗」（湯林森1994:11），後者起源於十九世紀英國的殖民統治經驗，一般認為這是一種由帝國主義國家向其他國家輸出自身文化與價值觀的模式，目的在於達成帝國的支配，然而此一概念牽涉的爭議與討論甚多，此處僅是簡單界定，提供讀者一個理解艾莉絲．楊運用此一概念的參考。

第八章

❶ 亞當．賈林斯基（Adam Galinsky, 1969-）、莫里斯．史威瑟（Maurice Schweitzer, 1967-）著，許恬寧譯，《朋友與敵人》（*Friend & Foe: When to Cooperate, When to*

Compete, and How to Succeed at Both），第四章，臺北：時報出版，二〇一七。

❷ Someone who does not see a pane of glass does not know that he does not see it. Iris Young, *Justice and the Politics of Difference*, p. 39.

❸ 相關法規與大法官解釋歷程，參見（尤美女，2015：149）。

❹ 原提案可參見https://join.gov.tw/idea/detail/e4f8eb77-c8a5-4b57-8447-c00c697540d2。

❺ 關於從「差異與否」出發來看兩性之相同與相異，參見陳昭如，〈踐行的法學：凱瑟琳麥金儂的女性主義理論與行動〉，《性平等論爭——麥金儂訪臺演講集》，陳昭如等編著，臺北：臺大出版中心，二〇一五，頁一一七一。

❻ Affirmative Action.

❼ 二〇〇二年原草案名稱為《男女（兩性）工作平等法》。

❽ 該事件新聞原文，主管口出惡言，諸如：「妳沒說妳懷孕，誰他媽的會錄取孕婦，妳耍我嗎？」「不准再進公司，太惡劣了！」等等，可參見：〈無良長官逼辭職「他X的誰會錄取孕婦！」〉https://tw.appledaily.com/new/realtime/20171204/1253018/。

❾ 原文與網友推文可參考https://www.ptt.cc/bbs/Gossiping/M.1512376747.A.BAB.html。

❿ 參考楊智傑主編，《聽美國憲法說故事》，臺北：博雅出版社，二〇〇八，頁二〇八一二一五。

⓫ 原文網址：https://kknews.cc/zh-tw/tech/48kzrgq.html。

第九章

❶ Albert "Albie" Louis Sachs (1935-), *The Soft Vengeance of A Freedom Fighter.*

❷學理將多元文化團體分成：少數民族，移民團體，持孤立主義的種族、宗教團體（如哈德萊特人、安米緒人），非公民居留者（包含非常規的遷徙者，或臨時遷徙者），非洲裔美國人與身分／認同受歧視的社會團體（如某些社會中的ＬＧＢＴ族群）。

❸威爾．金里卡，加拿大皇后大學哲學教授，也是中歐大學民族主義研究計畫客座教授。其經典作《當代政治哲學導論》（*Contemporary Political Philosophy: An Introduction*）已有八種語言的譯本。

❹威爾．金里卡著，劉莘譯，《當代政治哲學導論》，第八章。臺北：聯經出版公司，二〇一三。

❺相關新聞與訪問，可參考〈北市原民居住大不易　馬躍．比吼：設置原民自治區〉，http://news.ltn.com.tw/news/life/breakingnews/2230474。

❻相關投書可參考〈作為一個在臺灣的新二代，我感到很害怕〉，https://opinion.cw.com.tw/blog/profile/52/article/6633。

❼原新聞出處〈離譜！女賊闖空門行竊　瞎掰是小三找情夫〉，http://www.setn.com/News.aspx?NewsID=89859。

❽原訪問出處可見〈在肉彈的世界裡，人人都是甜心〉，https://www.twreporter.org/a/big-size-body-power。

第十章

❶帕菲特為二十世紀最具影響力的倫理學家與哲學家之一。

❷參考Parfit, D., Equality and priority. *Ratio*, 10(3), 1997, pp. 202-221.

參考資料

中文

柏拉圖著，王曉朝譯，《柏拉圖全集》，北京：人民出版社，二〇〇三。
史克魯頓（Roger Scruton）著，劉華文譯，《康德》（*KantL: a very short introduction*）。臺北：臺灣商務印書館，二〇一六。
喬治・歐威爾（George Orwell）著，李華、劉錦春譯，《向加泰隆尼亞致敬》（*Homage to Catalonia*）。臺北：群星文化，二〇一四。

外文

Aristotle, *The Politics*, Tran., Carnes Lord. (Chicago: University of Chicago Press, 1984).
Rousseau, *The Discourses and other early political writings*. (Cambridge: Cambridge University Press, 2016).

Wings

平等

2019年12月初版　　定價：新臺幣290元

著　者	周家瑜
叢書編輯	黃淑真
特約編輯	吳菡
校　對	吳美滿
內文排版	林婕瀅
封面設計	兒日
編輯主任	陳逸華

出版者	聯經出版事業股份有限公司
地址	新北市汐止區大同路一段369號1樓
編輯部地址	新北市汐止區大同路一段369號1樓
叢書編輯電話	(02)86925588轉5322
台北聯經書房	台北市新生南路三段94號
電話	(02)23620308
台中分公司	台中市北區崇德路一段198號
暨門市電話	(04)22312023
台中電子信箱	e-mail：linking2@ms42.hinet.net
郵政劃撥	帳戶第0100559-3號
郵撥電話	(02)23620308
印刷者	世和印製企業有限公司
總經銷	聯合發行股份有限公司
發行所	新北市新店區寶橋路235巷6弄6號2樓
電話	(02)29178022

總編輯	胡金倫
總經理	陳芝宇
社長	羅國俊
發行人	林載爵

行政院新聞局出版事業登記證局版臺業字第0130號

本書如有缺頁，破損，倒裝請寄回台北聯經書房更換。　ISBN 978-957-08-5439-8 (平裝)
聯經網址：www.linkingbooks.com.tw
電子信箱：linking@udngroup.com

國家圖書館出版品預行編目資料

平等/周家瑜著．初版．新北市．聯經．2019年
12月．192面．14×21公分（Wings）
ISBN 978-957-08-5439-8（平裝）

1.平等

571.92　　108020047